会计

快学快用实操笔记

韩坤珏◎著

电子工业出版社.
Publishing House of Electronics Industry
北京·BEIJING

内 容 简 介

本书从企业的主要经济业务入手，本着为实际工作服务的宗旨，为读者介绍了会计基础知识和基本核算方法，并从企业管理的角度讲解了财产清查和税务方面的知识。书中主要内容包括重新认识会计、建立账户、会计凭证、登记账簿、业务核算、账务处理技巧、财务报表、财产清查、纳税等。

本书以财政部2019年修订的《企业会计准则》及其解释为依据，以近年来会计教学新成果为参考撰写而成，具有新颖性；立足于实际工作，从实操的角度讲解会计知识和核算方法，让读者能够快速掌握、快速运用，具有实操性；详细讲解了会计实操方法，为读者搭建了一个系统的知识体系，利用众多图表、案例帮助读者厘清思路，具有系统性。

总之，这是一本针对会计初学者和新手的工具书。无论是想从零开始学习会计知识，还是想巩固会计基础知识的人士，都可以阅读本书。

图书在版编目（CIP）数据

会计：快学快用实操笔记 / 韩坤珏著．—北京：电子工业出版社，2021.1

ISBN 978-7-121-39908-4

Ⅰ．①会… Ⅱ．①韩… Ⅲ．①会计学 Ⅳ．①F230

中国版本图书馆CIP数据核字（2020）第217734号

责任编辑：王陶然
印　　刷：三河市鑫金马印装有限公司
装　　订：三河市鑫金马印装有限公司
出版发行：电子工业出版社
　　　　　北京市海淀区万寿路173信箱　邮编　100036
开　　本：720×1000　1/16　印张：16.5　字数：270千字
版　　次：2021 年 1 月第 1 版
印　　次：2021 年 1 月第 1 次印刷
定　　价：55.00元

会计是一个历史十分悠久的职业。我国从周代开始就有了专门的会计官员，他们掌管赋税收入、钱银支出，对收入和支出情况进行月计、岁会。月计是指每月进行一次零星核算，岁会是指每年进行一次汇总核算，它们合称为会计。

随着时代的发展，会计的工作内容越来越丰富，其职能已经不仅仅是记账、算账了。现代会计的基本职能有两个：一是核算；二是监督。会计的核算职能是指通过价值量对经济活动进行确认、计量和记录；会计的监督职能是指会计人员在进行会计核算的同时，对特定主体经济业务的真实性、合法性和合理性进行审查的职能。这两个基本职能是相辅相成、不可分割的。

会计的两个基本职能，在企业的经营中发挥着十分重要的作用。会计的核算职能可以反映企业的所有经济业务，企业管理者可以据此评价企业的经营状况，并调整和优化相关决策。会计的监督职能可以保证企业经济业务的合法性、真实性及合理性，并保证企业的经济活动按预算、计划和经营管理要求运行。可以说，会计是企业管理的"基石"，任何一家企业都离不开会计。

因此，会计岗位在企业中是"刚需"，很多企事业单位、金融机构、会计师事务所都常年招聘会计人才。对会计感兴趣、想从事会计工作的人也越来越多。笔者撰写本书的初衷，就是为了帮助那些没有会计基础，但有志于从事会计工作的人，让他们了解会计工作的基本内容，夯实会计基础知识。

本书从企业的主要经济业务入手，本着为实际工作服务的宗旨，为读者介绍了会计基础知识和基本核算方法，并从企业管理的角度讲解了财产清查和税务方面的知识，让读者能够学以致用。本书具有新颖性、实操性、系统性三大特点。

1. 新颖性

本书以财政部 2019 年修订的《企业会计准则》及其解释为依据，以近年来会计教学新成果为参考撰写而成。截至本书撰写完成之日，书中所涉及的政策和解释性文件均为当前最新版本。

2. 实操性

本书不仅介绍了会计基础理论、会计工作实务，还设置了"实操笔记"板块，包含许多思考题和练习题，以便帮助读者进行有针对性的复习，将知识掌握得更加牢固。此外，本书立足于实际工作，从实操的角度讲解会计知识和核算方法，让读者能够快速掌握、快速运用。

3. 系统性

本书不仅详细讲解了会计实操方法，为读者搭建了一个系统的知识体系，还利用众多图表、案例帮助读者厘清思路。比如，本书以案例引入基本概念，用图表归纳知识点、突出要点等。

本书包含两个部分，共分 10 章。第一部分是会计基础理论知识，主要内容包括重新认识会计、建立账户、会计凭证、登记账簿、业务核算、账务处理技巧及财务报表；第二部分是会计工作实务，主要内容包括财产清查、纳税及实用工具。书中内容编排从易到难，帮助读者循序渐进地学习会计知识。

本书内容由浅入深、通俗易懂，全面地介绍了会计人员必须掌握的基本知识，是一本针对会计初学者和新手的工具书。无论是想从零开始学习会计知识，还是想巩固会计基础知识的人士，都可以阅读本书。

笔者由衷地希望本书可以成为读者朋友们走上会计岗位的一块"敲门砖"。如果读者能够通过学习本书内容，掌握基本技能并胜任会计工作，笔者将感到不胜荣幸。当然，已经走上会计岗位的读者也可以将本书常备案头，以供复习和查阅。

会计是一门专业性、实践性很强的学科，只有不断地钻研和学习，才能成为真正的专家。随着经济的发展，各项财税政策也在不断发生变化，即便是经验丰富的老会计，也只有不断地吸收新知识，才能跟上形势。想要做好会计工作，就要做好终身学习的准备。希望读者朋友们能够在学习中不断收获、不断进步！

目录

第二部分 会计工作实务

第一部分

会计基础理论知识

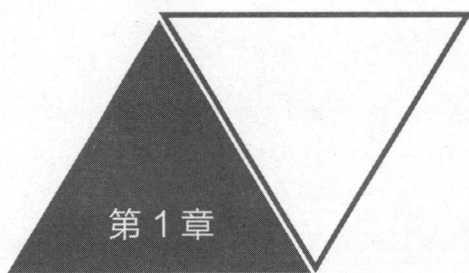

第 1 章

重新认识会计

　　会计是什么？会计岗位的职责是什么？怎样成为一名合格的会计人员？在本章中，你可以找到这些问题的答案。了解会计的定义、会计假设、会计对象，明确会计的基本职责，是展开会计核算的基础。认识会计工作、了解会计人员的从业规范，是走上会计岗位的前提。

♻ 1.1　什么是会计

刚刚大学毕业的王芳，成功应聘进入一家化工企业的财务部门，正式成为一名会计。进入企业后，她发现会计工作并不是简单的记账、做账，而是有着十分丰富的内涵。想要全面认识会计工作，必须从实际工作出发。

会计这门学科是从实际生产中发展而来的。为了更好地计算自己的财物，更好地管理生产经营活动，人们发明了一系列会计方法，并逐渐形成了一门系统而严谨的学科。

早在我国西周时期，"会计"这个词就诞生了。"会"是指合并和总计，"计"是指将分散的账目和财物进行计算，这两个字大体上概括了会计的作用和会计工作的内容。随着社会和经济的发展，我国历史上先后出现了"四柱清册""龙门账""天地合账"等会计核算方法。

国外的会计历史同样十分悠久。1949 年，意大利数学家卢卡·帕乔利在自己的著作《算术、几何、比及比例概要》中介绍了"借贷复式记账法"，并用数学理论加以解释和概括。就这样，现代会计中"借贷记账法"的理论正式形成。卢卡·帕乔利也因这一突出成就而被称为"现代会计之父"。

如今，会计工作已经不仅仅是简单的记账了，它的内涵和职能变得更为丰富。下面就让我们一起走近现代会计，并了解它的基本概念。

1.1.1　会计的概念

首先，让我们来了解一下会计的定义。会计是以货币为主要计量单位，反映和监督一个单位经济活动的一种经济管理活动。会计的四个基本特征如图 1-1 所示。

	会计以货币为计量单位
	会计有一系列的专门方法
	会计具有核算与监督的职能
	会计是一种经济管理活动

图 1-1　会计的四个基本特征

1. 会计以货币为计量单位

会计在记录经济活动时，是以货币为计量单位的。凡是不能用货币计量的经济活动，都不能通过会计来反映。比如，小王是一家公司的业务骨干，他的离职影响了公司的经营状况，并造成了一定损失，而这样的损失很难用货币来计量，所以，"小王离职为公司造成损失"这件事不在会计核算的范围之内。

2. 会计有一系列的专门方法

会计是一项专业性较强的工作，只有严格按照相关程序和操作规范，运用专门的会计技术和方法，才能顺利完成。会计的技术和方法包括设置会计科目、填制和审核会计凭证、复式记账、成本核算、财产清查、编制财务报表等。

3. 会计具有核算与监督的职能

《中华人民共和国会计法》（以下简称《会计法》）规定，会计具有核算和监督两大基本职能。核算职能是指对经济活动进行确认、计量和报告，监督职能是指对经济业务的真实性、合法性、合理性进行审查。核算和监督职能贯穿于会计工作的始终，也是会计管理活动的重要表现形式。

4. 会计是一种经济管理活动

由于会计核算涉及企业内部的各个部门，每个经营管理环节都需要会计的参与，所以，会计核算与监督本质上就是一种经济管理活动。而且，现代会计不仅对企业经营活动进行核算，为企业经营决策提供数据，还直接参与企业的经营管理。比如，参与制订企业的经营计划、对经营活动进行成本控制和评价等。

随着经济的发展和社会的进步，现代会计具有更加深刻的管理内涵以及更加宽泛的服务领域。

**会计
小课堂**

我国从周代开始就有了专门的会计官员，主要掌管赋税收入、钱银支出等工作。古代的会计工作形式是"月计"和"岁会"，每月盘点计算为"计"，年末汇总核算为"会"，两者合称"会计"。

随着商品经济的发展，人们逐步建立起科学而系统的会计方法、会计制度、会计法规。进入工业时代后，会计的分类越来越细化，成本会计、往来会计等逐步发展起来。如今，随着经济全球化的不断深入，各国在制定会计政策和处理会计事务时，都逐步开始采用国际通行的会计惯例，会计正向着全球化、国际化的方向迈进。

1.1.2 会计的分类

成本会计、来往会计、预算会计、管理会计、总账会计……很多刚刚学习会计知识的人，在看到这些不同的会计称谓时，可能会感到一头雾水。之所以有这么多不同的称谓，是因为会计有许多不同的类别。

会计可以按照核算主体和目的、报告对象、行业、工作内容、工作范围等进行分类。会计的分类如表 1-1 所示。

会计在企业经济活动和财务管理中扮演着十分重要的角色。每位与王芳一样刚刚走上工作岗位的会计新手，都应该以严谨、认真的态度对待自己的工作，争取早日成为一名优秀的会计。

表 1-1　会计的分类

分类方式	会计的种类	说明
按核算主体和目的分类	预算会计、财务会计	预算会计：一般以公共资产为核算对象，以公共事务为核算依据，以公共业务成果为主要考核指标；具有公共性、非营利性、财政性，适用于各级政府部门、行政单位和各类非营利组织。 财务会计：一般以营利为目的的经济实体为核算对象，反映企业的财务状况、经营成果和现金流量，适用于各类企业及营业性组织
按报告对象分类	财务会计、管理会计	财务会计：负责编制财务报表，报告企业的财务状况和营运状况，为企业内部和外部用户提供信息。 管理会计：主要为企业的管理层提供信息，作为企业内部各部门进行决策的依据。没有标准的模式，不受会计准则的约束
按行业分类	工业会计、商品流通会计、金融证券会计、房地产会计、农业会计、旅游餐饮会计、医疗卫生会计等	各行各业的会计均有各自的特点
按工作内容分类	总账会计、往来会计、成本会计、材料会计等	总账会计、来往会计、成本会计、材料会计的工作内容各不相同。比如，成本会计的工作内容是成本核算，总账会计的工作内容是总账核算
按工作范围分类	公共会计、私用会计、政府会计等	公共会计：是由注册会计师承担的、为社会各界服务的会计，受工商企业等当事人的委托，对某单位的会计凭证、会计账簿、会计报表等进行检查。 私用会计：与公共会计相反，是单独服务于企业、机构的会计。 政府会计：是用于确认、计量、记录和报告政府和事业单位财务收支活动及其受托责任的履行情况的会计体系

实操笔记

【写一写】会计定义以及四个基本特征是什么？请在下面写出来。

♻ 1.2　会计工作的四大基石

　　小王是一位会计初学者，在没有系统地学习会计知识以前，她以为会计的工作就是算账，至于如何算账、算什么账，就不得而知了。通过一段时间的学习，她才知道，会计工作并不简单。和小王一样，很多会计初学者对会计的认知并不准确。为了学好会计、做好会计，我们必须先做好认知准备，即认识和掌握会计核算工作的四大基石。它们分别是会计对象、会计要素、会计科目与会计账户，以及会计基本假设。

1.2.1　会计对象

　　会计对象是会计工作的客体。教师工作的客体是学生，医生工作的客体是患者，会计工作的客体是什么呢？有人认为，会计人员每天跟钱财和账本打交道，所以会计工作的客体就是钱财和账本。事实上，这种说法是不准确的。

　　会计对象是指会计核算和会计监督的内容。具体来说，就是企事业单位在日常经营活动或业务活动中所表现出的资金运动。

　　那么，什么是资金运动呢？

　　在回答这个问题之前，我们要先弄清楚什么是资金。资金就是一个企业所拥有的财产和物资的货币表现。资金运动是指资金的形态与位置的变化，其内容可以归纳为资金投入、资金的循环和周转、资金退出。任何企业的资金运动都是由这三项内容组成的，但是具体的运动形式并不完全相同。一般生产型企业的资金运动形式如图 1-2 所示。

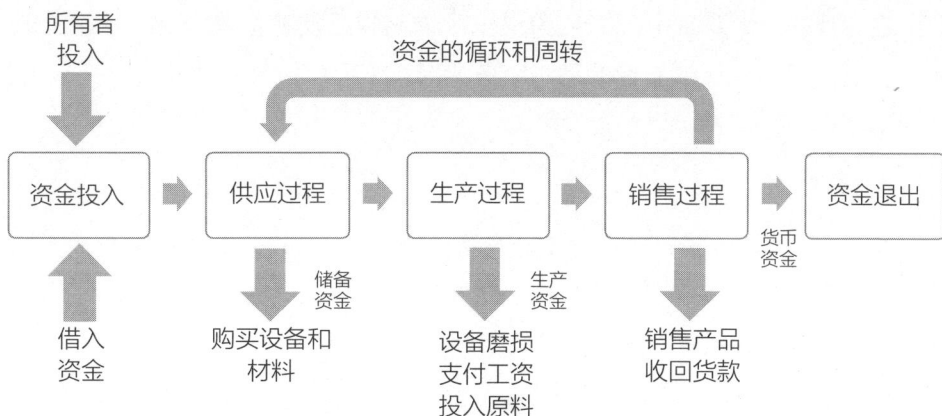

图 1-2　一般生产型企业的资金运动形式

事实上，资金运动是一个比较抽象的概念，我们必须将其具体化、量化，才能将会计核算落到实处。于是，会计要素就产生了。

1.2.2　会计要素

会计要素就是会计对象的基本分类，它是反映会计主体财务状况和经营成果的基本单位。世界各国的会计要素并不是完全相同的。《企业会计准则》规定，我国的会计要素有六个，分别是资产、负债、所有者权益、收入、费用、利润。我国的六大会计要素及定义如图 1-3 所示。

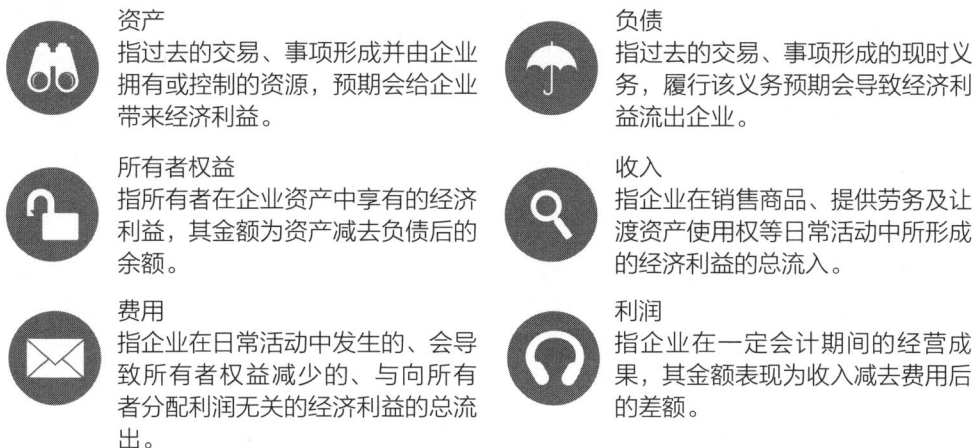

资产
指过去的交易、事项形成并由企业拥有或控制的资源，预期会给企业带来经济利益。

负债
指过去的交易、事项形成的现时义务，履行该义务预期会导致经济利益流出企业。

所有者权益
指所有者在企业资产中享有的经济利益，其金额为资产减去负债后的余额。

收入
指企业在销售商品、提供劳务及让渡资产使用权等日常活动中所形成的经济利益的总流入。

费用
指企业在日常活动中发生的、会导致所有者权益减少的、与向所有者分配利润无关的经济利益的总流出。

利润
指企业在一定会计期间的经营成果，其金额表现为收入减去费用后的差额。

图 1-3　我国的六大会计要素及定义

在会计的六大要素中，资产、负债和所有者权益反映企业的静态财务状况，收入、费用和利润反映企业的动态财务状况。下面我们来具体分析一下六大会计要素。

1. 资产

在日常生活中，资产的概念十分宽泛，如厂房、机器、货物等都属于资产。但是，在会计的范畴中，对资产的认定要严苛得多。根据资产的定义，只有满足以下四个条件的经济资源才能被认定为资产：

- 是由企业过去的交易或者事项形成的；
- 为企业所拥有或者控制；
- 预期会给企业带来经济利益；
- 入账的资产必须是能够被可靠计量的。

比如，王老板租赁了一间厂房和一批设备，租期只有 5 年，这些厂房和设备都不是王老板的资产，因为他只有使用权，没有支配权和所有权；又比如，某公司有一批报废的机器，这批机器不是该公司的资产，因为它们已经不能为该公司带来经济利益；再比如，某企业拥有一座无法被估价的矿山，这座矿山不是该企业的资产，因为资产应该是能够被可靠计量的。资产可以按流动性被分为流动资产和非流动资产：流动资产是能在一年或者超过一年的一个营业周期内变现或者运用的资产；非流动资产是不能在一年或者超过一年的一个营业周期内变现或者运用的资产。

除了有形的资产，企业还有专利技术、自创商誉等无形资产。无形资产的账务处理方法也是企业会计人员应该了解和掌握的。

2. 负债

根据负债的定义，只有满足以下四个条件的事项才能被认定为负债：

- 是企业承担的现时义务；
- 预期会导致经济利益流出企业；
- 是由企业过去的交易或者事项形成的；
- 导致流出的经济利益的金额能够可靠地计量。

负债可以按偿还时间的长短分为流动负债和非流动负债：流动负债是将在一年以内（含一年）或一个营业周期内偿还的债务；非流动负债是偿还期在一

年以上（不含一年）或一个营业周期以上的债务。比如，短期借款、应付账款、预收账款、应交税费等属于流动负债，而长期借款、应付债券、长期应付款等则属于非流动负债。

3. 所有者权益

所有者权益又称"股东权益"，它和负债、资产可以组成一个会计恒等式：

资产 = 负债 + 所有者权益

这个恒等式告诉我们，资产是由负债和所有者权益组成的。将该等式变形后，可以得到一个变形等式：

所有者权益 = 资产 - 负债

由变形等式可知，所有者权益是企业总资产减去总负债后的剩余权益。因此，所有者权益也被称为"净资产"。我国的《企业会计准则》将所有者权益分为资本和留存收益，资本包括实收资本和资本公积，留存收益则包括盈余公积和未分配利润。

4. 收入

我们在理解收入这个概念时，应该注意以下四点：

- 收入的来源包括销售商品、提供劳务及让渡资产使用权；
- 会计实务中，收入是从企业的日常活动中产生的，不包括营业外收入、政策补贴等偶发性事件的利得；
- 收入应表现为企业资产的增加或负债的减少；
- 收入只包括本企业经济利益的流入，不包括为第三方或客户代收的款项。

操纵收入是财务舞弊的重要手段，如果不能正确理解收入，我们就很容易受到蒙蔽。

5. 费用

想要获得产出，就必须先投入。企业想要通过销售产品获得收入，就要负担营业成本、各类费用及营业外支出，还要依法缴纳各种税费。

费用的种类可谓五花八门，不过无论哪种费用，都应该符合以下三个特征：

- 费用是日常活动中产生的，不包括营业外支出等偶发性事件产生的损失；
- 费用表现为资产的减少或负债的增加；

- 费用将引起所有者权益（股东权益）的减少。

费用舞弊也是财务舞弊中的重要手段，作为会计人员，我们只有深刻理解费用，才能迅速识破费用舞弊行为。

6.利润

利润的金额是收入减去费用之后的净额，其会计恒等式为：

利润 = 收入 – 费用

本书中的利润均指利润总额，净利润会另外指明。在会计实务中，我们应该如何认定利润呢？利润应具备以下两个特点：

- 利润是一定会计期间的经营成果。
- 利润 = 营业利润 + 投资净损益 + 营业外收支净额

以上就是六大会计要素，这些要素之间存在特定的等量关系，并形成了不同的会计恒等式。会计恒等式是编制财务报表的逻辑基础，我们必须牢记由六大会计要素组成的会计恒等式。

会计
小课堂

会计六大要素之间的关系可以用三个等式来表示，即：

资产 = 负债 + 所有者权益 ①

收入 – 费用 = 利润 ②

资产 = 负债 + 所有者权益 +（收入 – 费用）③

等式①是静态等式，反映企业特定时点的财务状况；

等式②是动态等式，反映企业一定时期的获利能力；

等式③反映在企业期末结账之前，等式①和等式②的辩证关系。

《会计法》和《企业财务会计报告条例》对会计要素的实质内涵做了详尽的规定，并根据新情况为其赋予了新的内涵。大家应该认真学习和领会，并严格按要求对会计事项进行确认、计量和报告。只有深刻理解了六大会计要素，才能为后面的会计核算打下坚实基础。

1.2.3　会计科目与会计账户

看到这里，有人可能会问，有了六大会计要素，就能进行会计核算了吗？答案当然是否定的。一个企业的资金运动环节众多，涉及的资金种类繁杂，如果仅仅依靠六大会计要素进行核算，就会过于笼统，不能精确地反映企业的财务状况。

因此，我们还要进一步对会计要素进行细化，于是就产生了会计科目。比如，企业资产中包含现金、原材料、固定资产等具体项目，就要设定"现金""原材料""固定资产"等相应的会计科目。

当会计科目有了借贷方向、金额、结构时，就形成了会计账户。会计账户记录和反映的经济内容就是会计科目规定的核算内容。因此，会计账户应根据会计科目进行设置，如企业要开设资产类账户，就要根据资产的相关科目和核算需求来建立账户。在后面的章节中，我们将详细为大家介绍设置会计科目和建立会计账户的方法。

我们可以通过一张示意图弄清会计对象、会计要素、会计科目和会计账户之间的关系，如图 1-4 所示。

图 1-4　会计对象、会计要素、会计科目和会计账户之间的关系

会计对象、会计要素、会计科目和会计账户是会计核算的基础，会计人员一定要深刻理解并掌握它们。不过，会计工作的开展还需要一个前提，那就是会计假设。

1.2.4　会计基本假设

会计假设是会计确认、计量和报告的前提，是对会计核算所处时间、空间环境等所做的合理假设。会计假设存在的主要目的是：对会计领域内存在的一些尚未确知且无法正面论证和证实的事项，做出符合客观情理的推断和假设，以保证不确定因素出现时会计业务能正常进行。

一般来说，会计基本假设包括会计主体假设、持续经营假设、会计分期假设和货币计量假设，它们统称为"会计的四大基本假设"。

1. 会计主体假设

会计主体是指会计工作为其服务的特定单位或组织，是会计人员进行会计核算时采取的立场以及在空间范围上的界定。会计主体可以是一个企业，也可以是若干个企业组织起来的集团公司；既可以是法人，也可以是不具备法人资格的实体。只有明确了会计主体，会计人员才能界定会计核算的空间范围，把握好会计处理的立场。

在会计主体假设下，只有那些影响企业本身经济利益的交易或者事项才能被确认、计量和报告。明确会计主体以后，会计主体（企业）的交易或者事项与会计主体所有者（企业老板）的交易或者事项将彻底区分开，即企业的钱和企业老板的钱不能混为一谈。

会计小课堂

会计主体与法律主体（法人）并不是一个对等的概念，法人可作为会计主体，但会计主体不一定是法人。

根据《公司法》的有关规定，法人企业应当建立财务会计系统，独立反映其财务状况、经营成果和现金流量。因此，法人必然可以作为一个会计主体。

但会计主体既可以是独立法人，也可以是非法人；可以是一个企业，也可以是企业内部的某一个单位或企业中的一个特定部分；可以是一个单一的企业，也可以是由若干具有法人资格的企业组成的企业集团。因此，会计主体不一定是法人。

2. 持续经营假设

持续经营是指会计主体将会持续经营下去，在可预见的将来，其生产经营活动将正常开展，不会面临破产清算。会计核算中所使用的一系列会计处理方法和原则都是以企业持续经营为前提的。

在持续经营假设下，会计主体会按照既定的用途使用资产，按照既定的合约条件偿还债务。只有以此为前提，会计人员才能选择相应的会计原则和会计方法，比如历史成本原则[1]、权责发生制原则[2]等。

可是，市场是难以预测的，企业破产清算的风险始终存在。如果企业不幸破产，就不应继续按持续经营假设来选择会计原则和会计方法了，而应采用适用于破产清算的会计原则和会计方法。

3. 会计分期假设

在会计分期假设下，企业应该划分会计期间，分期结算账目、编制财务报表。会计期间是指会计工作中，为了核算经营活动或预算执行情况所规定的起讫期间，一般可分为会计年度和会计中期。在我国，会计年度通常按公历年度划分，如公历 1 月 1 日起至 12 月 31 日止为一个会计年度；短于一个完整会计期间的会计分期则被称为会计中期，包括半年度、季度和月度。会计期间的划分如图 1-5 所示。

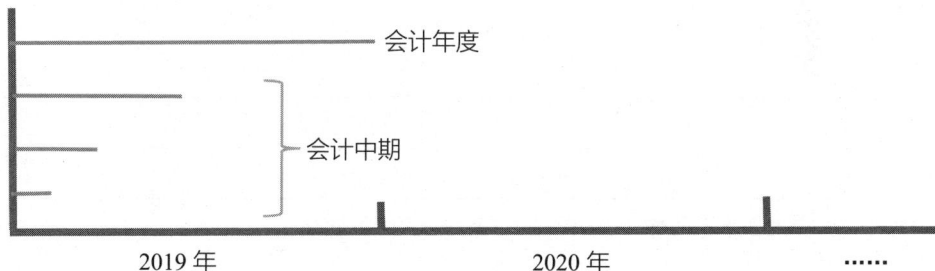

图 1-5　会计期间的划分

正因为有了会计分期假设，我们在进行会计核算时，才有了"本期"与"上

---

[1] 历史成本原则又称实际成本原则，是指企业的各种资产应当按取得或购建时发生的实际成本对价，而且即使物价变动，一般也不进行调整。

[2] 权责发生制原则是以权利和责任的发生来决定收入和费用归属期的一项原则。它是指凡在本期内已经收到和已经发生或应当负担的一切费用，不论其款项是否收到或付出，都作为本期的收入和费用处理；反之，凡不属于本期的收入和费用，即使款项在本期收到或付出，也不作为本期的收入和费用处理。

期"和"往期"的区别，才出现了权责发生制和收付实现制[1]的区别，以及一系列的特殊会计处理方法。

4. 货币计量假设

货币计量是指会计主体在会计确认、计量和报告时，以货币计量反映会计主体的生产经营活动。一般企业的会计核算应以人民币为记账本位币。以其他货币（除人民币外）为主要收支货币的单位，也可以选择一种货币作为记账本位币，但在编制财务报表时应该折算为人民币进行反映。境外的中国企业向国内报送财务会计报告时，也应折算为人民币。

以上四大基本假设之间存在相互依存、相互补充的关系。其中，会计主体假设明确了会计核算的空间范围，持续经营假设和会计分期假设明确了会计核算的时间长度，而货币计量假设则为会计核算提供了必要手段。在会计工作中，四大基本假设缺一不可，可以说，没有它们，企业的会计核算就无法开展。

实操笔记

【写一写】

1. 请在下面写出六大会计要素，以及表达他们之间关系的三个会计恒等式。

2. 如何理解会计的四大基本假设，请谈谈你的看法。

---

[1] 收付实现制是以款项的实际收付为标准来处理经济业务，确定本期收入和费用，计算本期盈亏的会计处理基础。在现金收付的基础上，凡在本期实际以现款付出的费用，不论其是否在本期收入中获得补偿，均应作为本期应计费用处理；凡在本期实际收到的现款收入，不论其是否属于本期，均应作为本期应计收入处理；反之，凡本期还没有以现款收到的收入和没有用现款支付的费用，即使其归属于本期，也不作为本期的收入和费用处理。

♻ 1.3　会计的两大基本职能

小姜是 A 公司人事部的一名员工，她接到一项修订员工手册的工作。但是，小姜的这项工作开展得不太顺利。原来，小姜在修订会计岗位职责的时候，遇到了困难。在她看来，会计的工作内容十分烦琐，很难归纳清楚。于是，她只好去请教公司的会计主管。

经过会计主管的指点，小姜才知道，原来会计有两大基本职能——核算与监督职能。会计人员的日常工作也是围绕这两大职能开展的。

1.3.1　会计的核算职能

核算职能是会计最基本的职能，也叫作反映职能，贯穿于经济活动的全过程。会计的核算职能是指通过价值量对经济活动进项确认、计量和报告。从以上定义可知，核算职能包含会计确认、会计计量、会计报告三项内容。会计确认是指运用特定的会计方法，用文字和金额描述某一交易或事项，使其金额反映在特定主体财务报表的合计数中的会计程序。会计确认的作用是定性，即判定经济活动是否属于会计核算内容，以及该经济活动归属于哪类业务。

会计计量是指在会计确认的基础上确定具体的金额，它的作用是定量。会计报告是确认和计量的结果，即将确认和计量的结果进行归纳整理，以财务会计报告的形式提供给会计信息使用者。《企业会计准则》对会计确认、计量和报告有严格的规定。

正因为有了会计确认、计量和报告，会计核算得出的会计信息才具有完整性、连续性和系统性。完整性是指完整记录了会计对象的全部经济活动；连续性是指按时间顺序记录各种经济业务；系统性是指按科学方法对数据进行分类、加工、整理和汇总，可以为经济管理提供有效的会计信息。

那么，在实际工作中，会计核算是如何开展的呢？下面让我们来了解一下会计核算的流程及具体内容。

1. 会计核算流程

会计核算流程是指从获得并审核原始凭证到编制财务报表的过程，是会计人员每个月都要完成的工作。会计核算流程可以分为以下七个步骤，如图 1-6 所示。

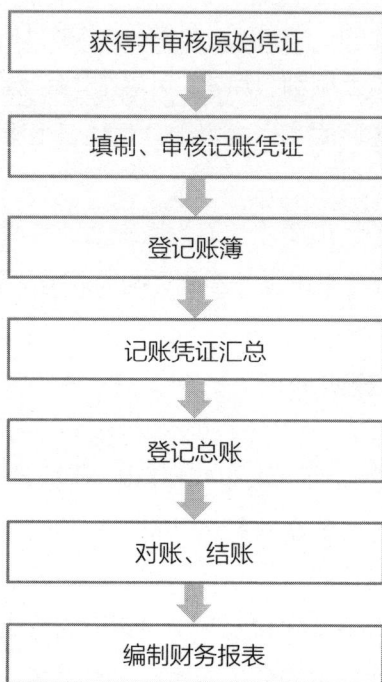

```
┌─────────────────────────────┐
│      获得并审核原始凭证       │
└─────────────────────────────┘
               ↓
┌─────────────────────────────┐
│       填制、审核记账凭证       │
└─────────────────────────────┘
               ↓
┌─────────────────────────────┐
│          登记账簿            │
└─────────────────────────────┘
               ↓
┌─────────────────────────────┐
│         记账凭证汇总          │
└─────────────────────────────┘
               ↓
┌─────────────────────────────┐
│          登记总账            │
└─────────────────────────────┘
               ↓
┌─────────────────────────────┐
│          对账、结账          │
└─────────────────────────────┘
               ↓
┌─────────────────────────────┐
│         编制财务报表          │
└─────────────────────────────┘
```

图 1-6　会计核算流程

本书后面的章节将会详细讲解会计核算流程中的各个步骤，这里就不详细展开了。

2. 会计核算内容

企业在日常生产经营和业务活动中会发生各种经济业务和经济事项。经济业务是指经济交易，即企业与其他企业、单位和个人之间发生的各种经济利益交换，如销售、交税等。经济事项是指企业内部发生的具有经济影响的各类事项，如支付职工工资、计提折旧[1]、费用报销等。企业中的各种经济业务和事项，

---

[1] 计提折旧是公司在进行会计处理时，预先计入某些已经发生、未实际支付的折旧费用。计提折旧时需要区分会计期间和折旧期间，两者所指的期间不一定相同。

就是会计核算的具体内容。

《会计法》规定，企业会计核算的内容包括七大类，如图 1-7 所示。

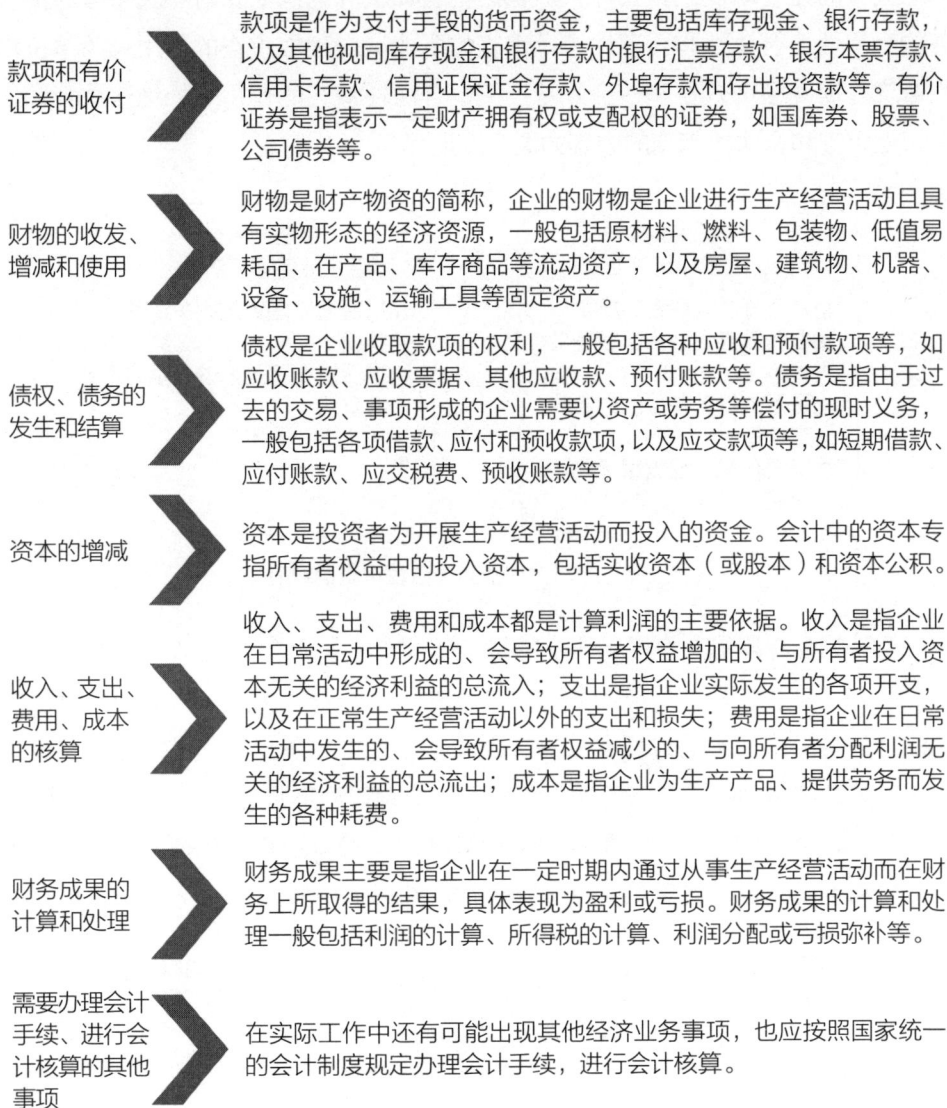

款项和有价证券的收付	款项是作为支付手段的货币资金，主要包括库存现金、银行存款，以及其他视同库存现金和银行存款的银行汇票存款、银行本票存款、信用卡存款、信用证保证金存款、外埠存款和存出投资款等。有价证券是指表示一定财产拥有权或支配权的证券，如国库券、股票、公司债券等。
财物的收发、增减和使用	财物是财产物资的简称，企业的财物是企业进行生产经营活动且具有实物形态的经济资源，一般包括原材料、燃料、包装物、低值易耗品、在产品、库存商品等流动资产，以及房屋、建筑物、机器、设备、设施、运输工具等固定资产。
债权、债务的发生和结算	债权是企业收取款项的权利，一般包括各种应收和预付款项等，如应收账款、应收票据、其他应收款、预付账款等。债务是指由于过去的交易、事项形成的企业需要以资产或劳务等偿付的现时义务，一般包括各项借款、应付和预收款项，以及应交款项等，如短期借款、应付账款、应交税费、预收账款等。
资本的增减	资本是投资者为开展生产经营活动而投入的资金。会计中的资本专指所有者权益中的投入资本，包括实收资本（或股本）和资本公积。
收入、支出、费用、成本的核算	收入、支出、费用和成本都是计算利润的主要依据。收入是指企业在日常活动中形成的、会导致所有者权益增加的、与所有者投入资本无关的经济利益的总流入；支出是指企业实际发生的各项开支，以及在正常生产经营活动以外的支出和损失；费用是指企业在日常活动中发生的、会导致所有者权益减少的、与向所有者分配利润无关的经济利益的总流出；成本是指企业为生产产品、提供劳务而发生的各种耗费。
财务成果的计算和处理	财务成果主要是指企业在一定时期内通过从事生产经营活动而在财务上所取得的结果，具体表现为盈利或亏损。财务成果的计算和处理一般包括利润的计算、所得税的计算、利润分配或亏损弥补等。
需要办理会计手续、进行会计核算的其他事项	在实际工作中还有可能出现其他经济业务事项，也应按照国家统一的会计制度规定办理会计手续，进行会计核算。

图 1-7 会计核算的内容

在很多人的印象中，会计的职能只有核算，只要算清楚企业的账就行了。事实上，这种观念是不正确的，因为会计还具有一项十分重要的监督职能。

1.3.2　会计的监督职能

会计的监督职能是指会计人员在进行会计核算的同时，对特定主体经济业务的真实性、合法性和合理性进行审查的职能。合理性审查的作用是为单位增收节支、提高经济效益和社会效益把关，合法性审查的作用是杜绝违法行为。合理性审查和合法性审查的内容如图1-8所示。

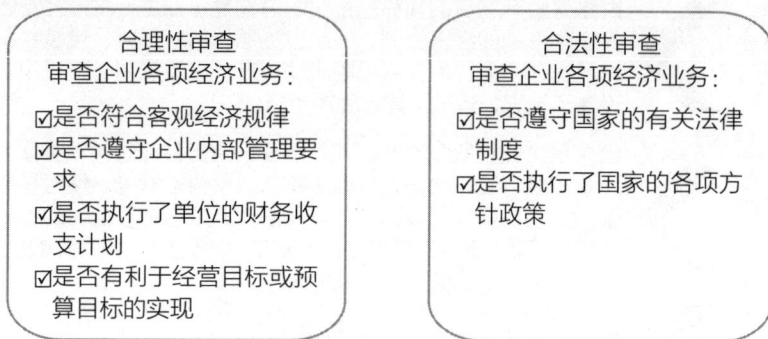

图1-8　合理性审查和合法性审查的内容

会计的监督职能具有以下两个特点：

第一，它是在核算职能的基础上进行的货币监督，主要以货币为计量尺度来综合反映经济活动的过程和结果。因此，也可以利用货币计量的各项核算指标来考核经济活动的效果。比如，我们可以用销售额来监督企业的经营业绩。

第二，会计的监督职能贯穿于会计管理活动的全过程，包括事前监督、事中监督和事后监督。监督职能的三个环节如图1-9所示。

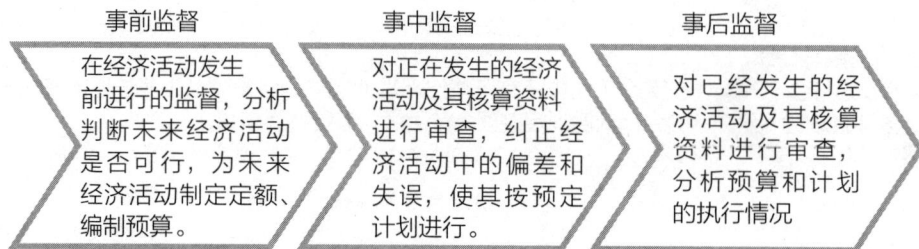

图1-9　监督职能的三个环节

以上就是会计的两大基本职能，企业会计工作都是围绕着这两大基本职能展开的，而且它们是相辅相成的关系。

会计
小课堂

会计核算与会计监督两大基本职能是密切联系、相辅相成的。会计核算是会计的首要职能，是会计监督的基础，会计监督是会计核算的保证。会计核算结果是会计监督的依据，会计监督保证会计核算所提供信息的真实性，确保会计核算发挥应有作用。

会计通过核算为管理提供会计信息，又通过监督直接履行管理职能，只有将两大职能结合起来，才能正确、及时、完整地反映经济活动。

随着经济的不断发展，会计理论水平在不断提高，会计职能也在不断扩充。目前，会计除了核算和监督两大基本职能，还有预测经济前景、参与经济决策、进行经济控制、评价经营业绩等职能。会计人员只有不断提升自己的业务水平，做到与时俱进，才能更好地履行会计职能。

实操笔记

【单选题】会计的基本职能包括（　　）。

A. 核算与监督　　　　　　B. 参与经济决策

C. 预测经济前景　　　　　D. 评价经营业绩

答案：A

♻ 1.4　会计工作在企业内部的组织形式

　　小章在一家公司的财务部工作，部门中设有财务经理、会计主管、出纳、成本核算、账务核算、往来结算、固定资产核算等会计岗位。小章所在公司是一家制造型企业，其会计岗位也是根据企业的实际情况和实际需求来设置的。

　　事实上，企业在设置会计岗位的时候，不仅要考虑实际需求，还要考虑自身的会计工作组织形式，因为会计工作的组织形式决定了会计岗位的设置。一般来说，企业会计工作的组织形式主要有三种，这三种组织形式各有特点。

1.4.1　企业会计工作的三大组织形式

　　企业会计工作的组织形式分为独立核算和非独立核算、集中核算和非集中核算、专业核算和群众核算。企业会计工作的组织形式决定了企业会计机构的具体工作范围和具体会计岗位的设置。

1.独立核算和非独立核算

　　独立核算是指对本单位的业务经营过程及其结果进行全面的、系统的会计核算。实行独立核算的企业叫作独立核算单位，这类单位通常独立经营、自负盈亏，而且拥有一定的资金，在银行单独开户，具有完整的核算系统，需要定期编制财务报表。独立核算单位应单独设置会计机构，并配备必要的会计人员。

　　实行非独立核算的单位也叫作报账单位，它们不独立计算盈亏，也不编制财务报表。商业企业下设的分销店就是典型的非独立核算单位，分销店不自负盈亏，也不进行独立核算，由上级企业定期发放备用金和物资。非独立核算单位平时只需填制和整理原始凭证，登记备用金账和实物账，再定期将收入、支出向上级报销。非独立核算单位一般不设置专门的会计机构，但需配备专职会计人员。

2. 集中核算与非集中核算

在独立核算单位中，其记账工作的组织形式可以分为集中核算和非集中核算。集中核算就是将企业的主要会计工作都集中于会计机构内部，其他各部门不进行单独核算。集中核算的最大优点是可以减少核算层次，精简会计人员；但是，它不利于日常财务考核和分析。

非集中核算又称为分散核算，即企业内部各单位要对自身所发生的经济业务进行较为全面的会计核算。比如，在某商业企业里，各个业务部门都要进行商品明细核算；但是，财务报表的编制和物资供销、现金收支、银行存款收支、对外往来结算等不宜进行非集中核算，应由企业会计部门集中办理。非集中核算有利于及时分析、解决问题，但会增加核算手续和核算层次。

3. 专业核算和群众核算

在我国，有些企业会开展群众核算。专业核算是由专职会计人员进行的，而群众核算则是由职工群众参加进行的。比如，工厂内实行的班组经济核算[1]就属于群众核算。群众核算可以使职工及时了解班组或柜组完成的业绩，激发他们的生产积极性和主动性。

1.4.2 企业会计人员岗位设置及职责

为了提高会计人员的工作效率和工作质量，加强会计人员的责任感和纪律性，独立核算的企业内部必须设置不同的会计岗位。会计岗位的设置依据是会计工作的内容，会计岗位设置的意义是定人员、定岗位、定职责，使每项核算工作都有专人负责，使每个会计人员都明确自己的工作内容和工作要求。

在一般企业中，会计人员工作岗位包括会计主管、出纳、固定资产核算、往来核算、账务核算等。企业会计人员的岗位职责如表 1-2 所示。

---

[1] 班组经济核算是以生产班组为单位所进行的一种厂内经济核算制度。它是企业实行全面经济核算的基础，实行民主管理、群众理财的重要形式。班组经济核算指标应按照生产需要，本着简单明确、易算好管的原则来建立，其主要核算指标包括产量、质量、材料耗费、工时耗用、出勤率等。企业应根据班组的核算指标设计和建立必要的台账，组织车间各班组群众管理员逐日登记、核算，按时考核、公布，并定期开展班组经济活动分析，及时发现问题、解决问题。

表 1-2　企业会计人员的岗位职责

会计人员岗位	岗位职责
会计主管	负责企业的财务管理和会计核算工作； 组织编制本企业的财务管理和会计核算制度，并监督执行； 组织编制实施本企业的财务预算，下达落实成本、费用、利润等考核指标； 参与企业的经营决策，控制成本费用，提高企业的经济效益； 依法计算缴纳国家税收并向有关方面报送财务报表； 组织会计人员学习财经税务法规制度； 组织会计人员进行各项业务培训
现金出纳	执行现金管理制度，审核各种收付款凭证； 严格遵守银行核定的库存现金限额，督促各部门做好备用金管理工作； 现金收付业务做到日清月结，账款相符； 及时收回暂借款报账凭证，堵塞账外现金； 做好库存现金的管理工作； 保管好现金收讫等印章，做好现金收付凭证的编号、装订、保管工作； 完成上级安排的其他各项工作
银行出纳	严格执行结算制度及票据管理的有关规定，认真审核各种收付款凭证； 正确使用和审核各种银行结算凭证，办理银行存款的收付业务，及时收回预付相关凭证； 定期填制银行存款余额调节表，正确反映银行存款余额； 每月与银行对账单核对，确保银行日记账余额无误； 保管有关印章、空白收据、空白支票、收付凭证、账簿； 完成上级安排的其他各项工作
固定资产核算	设置固定资产明细分类账，分项核算固定资产，做到账实相符； 掌握固定资产增减变动情况，及时填制原始凭证、记账凭证和固定资产明细表； 按照现行制度，正确计提固定资产折旧； 定期对固定资产进行清查，发现盘盈、盘亏和毁损等情况，并查明原因、明确责任； 设置与固定资产相关的资料台账，并对数据进行必要的分析； 编制相关的固定资产会计报表； 完成上级安排的其他各项工作

续表

会计人员岗位	岗位职责
账务	按现行会计制度规定，设置明细分类账和总分类账； 正确处理会计业务，做到记账清晰、数字正确、内容真实，保证账表相符； 根据企业采购的有关规定，及时做好登记，严格控制因凭证不全而挂账的现象； 及时登账、报账，及时编制和报送相关会计报表； 保管有关会计凭证、账册、报表等会计资料； 完成上级安排的其他各项工作
往来核算	负责应收、应付业务往来账款的明细核算和清理工作，正确及时地在账簿上反映各种应收、应付款项； 建立必要的清算手续制度，及时清算暂收、暂付、应收、应付等往来账款； 及时催收结清各种应收、暂付款项，及时清偿应收、暂收款项； 及时处理无法收回的应收款项和无法支付的应付款项； 设置各项往来款项及发出商品明细账，定期核对余额、抄列清单； 完成上级安排的其他各项工作
成本核算	根据相关规定，结合本企业的特点和需要，拟定成本核算办法，编制成本、费用计划； 根据销售计划、成本计划等有关资料，编制利润计划； 按照成本核算办法的规定，正确归集、分配生产费用； 根据实际产量和实际消耗的材料、人工、费用计算产品的实际成本，做好新产品的核价报价工作； 建立定额发料和限额发料的相关制度，加强成本管理； 根据成本、费用项目以及成本核算对象，设置产品成本明细账； 及时登记产品的内部转移和半成品的出入库情况，督促有关部门对在产品、半成品进行定期清查，保证账实相符； 设置有关产成品、费用的资料台账，定期进行成本分析，为企业的成本控制提供依据； 完成上级安排的其他各项工作

　　由于各个企业的业务量和会计人员的配备、分工情况不同，会计岗位可以一人一岗、一人多岗或者一岗多人。但是，企业在设置会计岗位时，应该符合内部控制制度的要求。

实操笔记

【说一说】设置不同会计岗位的意义是什么？请谈谈你的理解。

♻ 1.5　会计的从业规范、从业风险与职业规划

小黄是一名会计专业的应届毕业生，未来的她，想成为一名"金牌会计"。为了走好未来的职业道路，小黄必须先明确会计的从业规范和从业风险，做好充分的心理准备，还要做好职业规划，明确未来的发展方向。

1.5.1　会计的从业规范

那么，与小黄一样想从事会计工作的人，应该怎样走上自己的职业道路呢？成为一名会计应该具备哪些条件呢？

1. 从业资格

想从事会计工作，就要先取得从业资格。由于会计是一个专业性较强的工作，从业人员必须先通过考试，取得相应证书后，才能上岗从业。

那么，会计人员可以取得的会计证书有哪些呢？下面我们为大家汇总了国内外的主要会计证书，如表 1-3 所示。

表 1-3　国内外的主要会计证书

国内证书	须知
初级会计职称	考试科目有 2 个，需要在一年内全部通过，高中及以上学历即可报考
中级会计职称	考试科目有 3 个，需要在 3 年内全部通过，本科（大专）及以上学历，满足相应工作年限方可报考
注册会计师（CPA）	本科学历方可报考，考试分两个阶段，专业阶段需要在 5 年内通过 6 门考试，通过后需要参加综合阶段考试，全部通过后才能获得 CPA 证书
国外证书	**须知**
ACCA（英国特许公认会计师认证）	ACCA 证书被认为是"国际财会界的通行证"，ACCA 资格认证考试每年进行 4 次，分别在 3 月、6 月、9 月、12 月

续表

国外证书	须知
CGA（加拿大注册会计师协会）	CGA 是国际公认的会计专业资格认定，其会员可在加拿大执业，独立签署审计报告，各科目的考试时间一般在 3 月、6 月、9 月和 12 月
CMA（美国管理会计师认证考试）	CMA 是由美国管理会计学会（IMA）建立的专业证照制度，在许多国家和著名的跨国公司都得到了广泛认可，考试时间灵活，每年中有 9 个月可参加考试
USCPA（美国注册会计师）	USCPA 是世界范围内认可度较高的资格证书，考试为全美统一考试，但各州对考试资格的要求不同

对于与小黄一样刚刚入门的会计人员来说，"初级会计职称"是从业的第一道门槛，想要成为一名会计，就要通过这门考试并取得证书。

会计
小课堂

　　初级会计职称考试是实行中国统一组织、统一考试时间、统一考试大纲、统一考试命题、统一合格标准的考试制度，（初级）会计专业技术资格考试，原则上每年举行一次。考试科目包括《经济法基础》和《初级会计实务》。

　　凡在国家机关、社会团体、企事业单位和其他组织中从事会计工作，并符合报名条件的人员，均可报考。

2. 职业道德

除了取得相应的资格证书，还要满足哪些条件才能成为一名合格的会计人员呢？答案是，具备会计职业道德。

财政部发布的《财经法规与会计职业道德考试大纲》对会计职业道德做出了明确的规定，会计人员应具备的职业道德有以下八项：

（1）爱岗敬业。要求会计人员热爱会计工作，安心本职岗位，忠于职守，尽心尽力，尽职尽责。

（2）诚实守信。要求会计人员做老实人，说老实话，办老实事，执业谨慎，信誉至上，不为利益所诱惑，不弄虚作假，不泄露秘密。

（3）廉洁自律。要求会计人员公私分明，不贪不占，遵纪守法，清正廉洁。

（4）客观公正。要求会计人员端正态度，依法办事，实事求是，不偏不倚，保持应有的独立性。

（5）坚持准则。要求会计人员熟悉国家法律、法规和国家统一的会计制度，始终坚持按法律、法规和国家统一的会计制度的要求进行会计核算，实施会计监督。

（6）提高技能。要求会计人员增强提高专业技能的自觉性和紧迫感，勤学苦练，刻苦钻研，不断进取，提高业务水平。

（7）参与管理。要求会计人员在做好本职工作的同时，努力钻研相关业务，全面熟悉本单位经营活动和业务流程，主动提出合理化建议，协助领导决策，积极参与管理。

（8）强化服务。要求会计人员树立服务意识，提高服务质量，努力维护和提升会计职业的良好社会形象。

上述八项职业道德是社会和企业对会计人员的要求，也是会计人员心中的"一把尺"。无论会计人员在何时、何地参加工作，都应该牢记并恪守"八项职业道德"。

1.5.2 会计的从业风险

我们都知道会计是一个和钱、账打交道的工作，要做好会计工作，不仅要恪守职业道德，做到认真谨慎，还要有一定的风险意识。每个从事会计工作的人，都有可能面临以下三大从业风险。

1. 企业业务不规范带来的账务风险

在实际工作中，业务不规范是造成企业账目问题的"罪魁祸首"。企业的业务不规范，会给会计做账带来困难，同时也会让会计人员承担较高的风险。

比如，A公司购买的资产价值很高，却没有取得发票，那么会计人员在计提资产折旧和核算税务时，就会遇到困难，稍有不慎，就有可能出现涉税风险和舞弊风险。

又比如，B公司采购原材料时没有取得发票，但将产品卖给客户时又不得不开具发票，此时就会出现"原材料负库存"的现象，会计也很难将账做"平"。

再比如，C公司想少交税，于是收集了一些没有实际交易的材料发票，用于抵扣进项税额，会计在处理这些发票的往来账目时会感到非常棘手；而且，如果企业购买的发票远多于销售发票，会造成增值税税负过低和账面存货大量积压的情况，进而引起税务部门的关注。

2. 专业能力不足带来的职业风险

专业能力的不足会给会计人员带来职业风险。比如，有些"半路出家"的老会计对会计知识的理解和掌握并不透彻，在工作中常常出现错漏。这不仅会给企业带来损失，也会让自己面临被处罚或赔偿的危险。还有一些受过高等教育的年轻会计，虽然理论知识过硬，但缺乏实践经验。他们在实际工作中也很容易出现错误，面对比较复杂的业务时，甚至会感到无从下手。

专业能力的不足，会让会计人员的职业发展道路受阻，还有可能让会计人员和企业蒙受经济损失。

3. 不合理要求带来的法律风险

"老板让我做假账，该怎么办？"很多从业多年的会计人员都遇到过这样的问题。有些企业老板不了解财务知识，经常提出一些不合理的要求，甚至要求会计人员做假账。比如，企业老板为了争取更多银行贷款，要求会计人员在财务报表上做假。

由于会计是一门逻辑严密的学科，账簿上的每个数字都必须有来源、有去向，因此做假账并不是一件容易的事；而且，做假账不仅有违会计职业道德，还会带来法律风险。但是有些企业老板并不这样想，他们认为做假账是理所应当的。在他们看来，会计人员做不好假账或不愿做假账，就是不能胜任工作的表现。

面对上级领导的不合理要求，会计人员常常感到进退两难。令人遗憾的是，有些会计人员在这样的进退两难中越过了底线。

面对这些从业风险，会计人员应该怎样做，才能坚持原则、规避风险呢？下面有三个建议，希望对大家有所帮助。

第一个建议：遵纪守法，不触碰法律的"红线"。法律是每个财务人员都不可触碰的"红线"，做到依法守法，就能最大限度地规避风险。对于会计人员来说，贪污、挪用、侵占、提供虚假报告、偷漏国家税款等行为都属于主动犯罪，无论是为了一己私欲，还是受人胁迫，只要实施了违法犯罪行为，都将受到法律的严惩。

第二个建议：受人胁迫违法时，应保留证据。有的会计人员在他人的胁迫下做出违法行为，然而一旦"东窗事发"，胁迫者就会置身事外，将责任全部推卸给会计人员。面对胁迫时，会计人员应该怎么办呢？首先要做的当然是拒绝，如果实在无法拒绝，就要想办法保留证据，尽最大努力为自己争取机会。比如，保留录音、票据、记日记账等。

第三个建议：该走的程序一步都不能少，不该省的事一件都不能省。在实际工作中，有些会计处理程序比较烦琐，有的会计人员为了省事，就省略了某些环节，如不按流程报销、代替领导签字等。殊不知，图省事更容易出大事。

总而言之，只要会计人员在工作中做到依法、依规，谨守"八项职业道德"，就能最大限度地规避职业风险。

1.5.3　会计的职业规划

随着会计行业的发展，有意从事会计工作的人越来越多，而且每年都有一大批涌入人才招聘市场的会计专业应届毕业生。因此，会计行业竞争也日益激烈。面对激烈的竞争，刚入行的会计新手或者会计专业毕业生应该如何做好自己的职业规划呢？

一般来说，会计专业主要有三大从业方向，分别是企业会计、事务所会计和其他方向。

1. 企业会计

企业会计是大多数会计专业毕业生的从业方向，而且企业对会计人才的需求量也比较大。在前文中，我们已经列举了一般企业中的会计岗位设置，这里就不再赘述了。企业会计的晋升路径如图 1-10 所示。

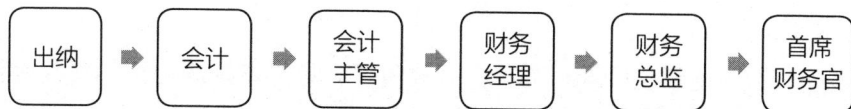

出纳 ➡ 会计 ➡ 会计主管 ➡ 财务经理 ➡ 财务总监 ➡ 首席财务官

图 1-10　企业会计的晋升路径

在企业内，会计职称是会计人员晋升的关键。在普通企业中，会计主管应具备中级及以上职称，或者三年以上工作经历。在某些大、中型企业中，总会计师需持有总会计师资格证。可见，想在会计行业中走得更远，就要积极考取会计职称。

2. 事务所会计

会计师事务所是很多会计专业学生向往的工作单位，每年都有大量会计专业毕业生把简历投向"四大"和"内资八大"。"四大"是指普华永道（PwC）、德勤（DTT）、毕马威（KPMG）、安永（EY）这四家世界知名的会计师事务所，而"内资八大"则是指立信、天健、大华、大信、致同、天职、国际瑞华、信永中和这八家极具实力的国内会计师事务所。事务所会计的晋升路径如图 1-11 所示。

审计助理 ➡ 审计员 ➡ 项目经理 ➡ 部门经理 ➡ 合伙人

图 1-11 事务所会计的晋升路径

在会计师事务所中，通过考核是获得职位晋升的关键。如果你在会计师事务所工作，只有从业达到一定年限，并通过考核（考核项目包括绩效分数、CPA 合格科目数量等），才能获得晋升机会。总而言之，事务所会计的门槛更高、晋升更难，但薪水也更可观。

3. 其他方向

当然，还有一些会计专业的毕业生并没有选择从事会计工作，而是勇敢地选择了其他泛商科就业方向，如金融、税务等领域。会计是金融的基础，税务也与会计息息相关，只要学好会计知识、取得含金量高的证书，会计专业出身的人也可以在金融和税务领域发光发热。比如，想从事金融工作的人，可以考取期货从业人员资格证、银行从业人员资格证、金融从业人员资格证、精算师资格证书等。

在职业发展道路上，选择与努力同样重要，只有做好职业规划，并按照目标方向不断努力，才能成为职场中的佼佼者。

实操笔记

【说一说】会计的"八项职业道德"分别是什么？请谈谈你的理解。

_____

_____

第 2 章

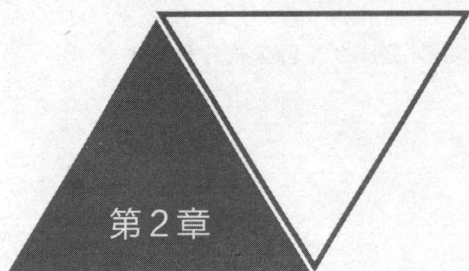

建立账户：展开会计工作的基石

　　建立账户是展开会计工作的基石，而建立账户要从设置会计科目开始。除此以外，我们还要掌握不同类型账户的基本结构及基本记账方法——借贷记账法。

♻ **2.1 会计科目的设置**

小夏是一家汽车零件加工厂的会计，他要对该工厂的经济业务进行核算。在正式开展核算之前，他要做的第一项工作就是建立账户。而建立账户的前提是设置会计科目。

在前文中，我们曾粗略地介绍过会计科目，相信大家对会计科目已经有了一个模糊的认识。接下来，就让我们进一步深入了解会计科目的设置方法。

2.1.1 什么是会计科目

会计科目可以简称为"科目"，是对会计要素的具体内容进行分类核算的项目。会计科目在会计核算中具有重要的意义，因为它是复式记账的基础，也是编制记账凭证的基础；而且，它为成本计算与财产清查提供了前提条件，为编制财务报表提供了方便。会计科目的意义如图 2-1 所示。

复式记账的基础

编制记账凭证的基础

为成本计算与财产清查提供了前提条件

为编制财务报表提供了方便

图 2-1　会计科目的意义

2.1.2 会计科目的设置原则

既然会计科目如此重要，那么它是如何设置的呢？我们在设置会计科目时，应遵循哪些原则呢？

1. 合法性原则

首先，我们所设置的会计科目应该符合国家的相关会计制度，保证会计信息的规范、统一和相互可比。不过，这并不代表会计科目是固定的、不可更改的，企业可以在不影响核算质量和对外会计报告信息统一性的情况下，自行增补或合并会计科目。比如，预收账款业务较少的单位，可以将预收账款与应收账款业务合并在"应收账款"科目下进行核算。

总之，企业要在合法合规的前提下，根据自身特点设置会计科目，做到灵活性与统一性相结合。

2. 相关性原则

其次，会计信息的使用者包括企业管理者、投资人、债权人、政府部门等，我们在设置会计科目的时候要考虑到会计信息使用者的需求。我们所设置的会计科目必须能够为有关各方所提供所需的会计信息，同时满足对外报告与对内管理的要求。

3. 实用性原则

最后，会计科目的设置应符合企业（或机构）本身的特点，满足实际需求。由于不同类型的企业在组织形式、所处行业、经营内容、业务种类等方面均有所不同，所以在会计科目上也应该体现出区别。会计科目不应该是千篇一律的，应该从实际出发，为企业的经营管理服务。

以上三大原则是设置会计科目的基本原则，会计人员在设置会计科目时应该遵循它们。

2.1.3　会计科目的分类

会计科目的名目繁多，不同的科目之间相互联系、相互补充，为了更加详细、系统地了解企业资金运动的状况，我们有必要对会计科目进行分类。

1. 按反映的经济内容分类

如果将会计科目按反映的经济内容分类，可分为资产类科目、负债类科目、共同类科目、所有者权益类科目、成本类科目和损益类科目。这也是会计科目最主要、最基本的分类方法。

- 资产类科目：可按资产的流动性分为流动资产类科目和非流动资产类科目。

- 负债类科目：可按偿还期限分为流动负债类科目和非流动类负债科目。

- 共同类科目：它是既有资产性质又有负债性质的科目，主要包括"清算资产来往""外汇买卖""衍生工具""套期工具""被套期项目"等科目。

- 所有者权益类科目：可按所有者的形成性质分为资本类科目和留存收益类科目。

- 成本类科目：可按成本的内容和性质分为制造成本类科目和劳务成本类科目。

- 损益类科目：可按损益的不同内容分为收入类科目和费用类科目。

会计
小课堂

在会计科目表中，以上每个科目都有属于自己的编号，有了这个编号，会计人员在登记账簿和查阅账目时会更加方便快捷；而且，在如今这个会计电算化的时代，科目编号更是必不可少的。

会计科目编号的第一位数字代表类别，六个会计科目类别的代号分别为：

资产类科目——1   负债类科目——2

共同类科目——3   所有者权益类科目——4

成本类科目——5   损益类科目——6

2. 按提供信息的详细程度分类

如果将会计科目按提供信息的详细程度分类，可分为总分类科目和明细分类科目。

总分类科目又叫作总账科目或一级科目，是对经济业务事项具体内容进行总括分类、提供总括信息的会计科目。明细分类科目又叫作明细科目，是对总分类科目的进一步细化。比如，"应收账款"科目需要按债务人名称设置明细科目，以反映应收账款的具体对象。

如果总分类科目下有较多的明细科目，则可以在总分类科目与明细科目之间设置二级或多级科目。比如，可以在"原材料"科目下设置"辅助材料""燃料""修理用备件"等二级科目，还可以在二级科目下继续设置三级、四级科目。

2.1.4 常用会计科目

下面是一些在会计实务中常用的会计科目。

1. 常用资产类科目

常用的资产类会计科目如表 2-1 所示。

表 2-1　常用的资产类会计科目

科目名称	说明
库存现金	本科目核算企业现金（备用金）增减变动情况和结余，按币种设置明细账，由出纳员记账，且必须设置库存现金日记账
银行存款	本科目核算企业银行存款账户增减变动情况和结余，按不同银行账户设置明细账，由出纳员记账，且必须设置银行存款日记账
其他货币资金	本科目核算银行汇票存款、银行本票存款、信用卡存款、信用证等其他货币资金
交易性金融资产	本科目核算企业对外进行的具有交易性（赚取差价）目的的股权、债券、基金等短期投资
应收票据	本科目核算企业因销售商品或提供劳务向客户收取的商业汇票（包括商业承兑汇票、银行承兑汇票），按照票据总类设置明细账
应收账款	本科目核算因销售商品或提供劳务而应收未收的款项，按债务人名称设置明细科目
预付账款	本科目核算企业因采购货物或接受劳务以及其他原因，按合同规定预付款项，按供货方的名称或预付费用的种类设置明细科目
其他应收款	本科目核算企业除应收票据、应收账款以外的其他应收、暂付的款项，如预支差旅费、支付押金、应收租金等
坏账准备	本科目是应收账款的备抵账户
在途物资	本科目核算企业购入但尚未运达企业或未验收入库的材料物资，按材料物资的品名、种类设置明细账

续表

科目名称	说明
原材料	本科目核算企业库存材料物资的收、发、存情况，按材料物资的品名、种类设置明细账
材料成本差异	本科目核算企业各种材料的实际成本与计划成本差异
库存商品	本科目核算企业库存产成品或商品的收、发、存情况，按产品或商品品种、规格设置明细账
发出商品	发出商品是指在采用分期收款销售方式下，企业已经发出但尚未实现收入的产品、商品和物资。本科目按照购货单位及商品类别和品种进行明细核算
委托加工物资	本科目反映和监督委托加工物资增减变动及其结存情况
周转材料	周转材料又称"周转使用材料"，是指在建筑安装工程施工过程中，能多次使用并基本保持其原来的实物形态，其价值逐渐转移到工程成本中去，但不构成工程实体的工具性材料。本科目下应分设"在库周转材料"和"在用周转材料"两个明细科目
存货跌价准备	本科目核算企业提取的存货跌价准备
长期股权投资	本科目核算企业对外进行的、期限在一年以上的股权性质投资
投资性房地产	本科目核算投资性房地产。投资性房地产是指为赚取租金或资本增值（房地产买卖的差价），或两者兼有而持有的房地产
长期应收款	本科目核算企业融资租赁产生的应收款项和采用递延方式分期收款、实质上具有融资性质的销售商品或提供劳务等经营活动产生的应收款项
长期待摊费用	本科目核算企业已经支出，但摊销期限在一年以上（不含一年）的各项费用，包括固定资产修理支出、租入固定资产的改良支出及摊销期限在一年以上的其他待摊费用
固定资产	本科目核算企业固定资产的增减、变化情况。它反映的是原价，也就是原始价值
累计折旧	本科目核算企业固定资产的磨损（消耗）价值（会计上称为折旧），是固定资产的备抵账户
无形资产	本科目核算企业专利技术、土地使用权、商标权、商誉等非货币性资产
累计摊销	本科目核算无形资产摊销，是无形资产的备抵账户
在建工程	本科目核算企业自行建造或安装固定资产过程中的建造安装成本
工程物资	本科目核算企业购入用于工程项目建造或大型设备安装的专项工程物资
固定资产清理	本科目核算企业因出售、报废和毁损固定资产等，而发生的清理费用或清理收益

2. 常用负债类科目

常用的负债类会计科目如表 2-2 所示。

表 2-2　常用的负债类会计科目

科目名称	说明
短期借款	本科目核算企业向银行或其他金融机构借入偿还期限在一年之内的各种借款，并且只核算本金不核算利息
应付票据	本科目核算企业因采购货物或接受劳务而向客户开出的商业汇票，按票据总类设置明细科目
应付账款	本科目核算企业因采购货物或接受劳务而应付未付的款项，按债权人名称、姓名设置明细科目
预收账款	本科目核算企业销售商品、产品或提供劳务，按合同约定向采购方预收的款项，按采购商的名称设置明细科目
应付职工薪酬	本科目核算企业支付给职工个人的属于工资总额内的各种工资、津贴及为职工支付的养老保险等福利费用。本科目下分设若干明细科目
应付税费	本科目核算企业应交未交的各种税金，按税种分设明细账，如应交增值税、应交个人所得税、应交企业所得税等
应付股利	本科目核算企业应付给股东的现金股利
应付利息	本科目核算企业的应付利息
其他应付款	本科目核算企业除应付账款、应付票据以外的其他应付、暂收的款项，如存入保证金（押金）、应付的租金等
长期借款	本科目核算长期借款
应付债券	本科目核算约定在一定期限内还本付息的有价证券
其他长期应付款	本科目核算其他长期应付款

3. 常用所有者权益类科目

常用的所有者权益类会计科目如表 2-3 所示。

表 2-3　常用的所有者权益类会计科目

科目名称	说明
实收资本	本科目核算企业股东投入的资本金，按《公司法》规定，投入的资本可以是货币、实物和无形资产等，企业不得自行随意增减，如需增减，须经工商部门批准

科目名称	说明
资本公积	本科目是企业因资本而产生的，包括资本溢价、资本折价、资本汇兑差等。本科目可以转增资本金
其他综合收益	本科目核算其他综合收益。其他综合收益是指企业根据其他会计准则规定未在当期损益中确认的各项利得和损失
盈余公积	本科目核算企业按照《公司法》的规定，用净利润提取的留待企业今后发展的基金
本年利润	本科目核算企业当年度实现的净利润或净亏损（年末转入利润分配）
利润分配	本科目核算企业累计的净利润分配情况和剩余未分配利润

4.常用的成本类科目

常用的成本类会计科目如表 2-4 所示。

表 2-4　常用的成本类会计科目

科目名称	说明
生产成本	本科目核算企业进行工业性生产发生的各项生产成本，包括直接材料、直接人工和间接制造成本，按"基本生产成本""辅助生产成本"科目设置二级明细科目
制造费用	本科目核算产品成本中的间接制造成本，月末本科目余额为零（转入生产成本）
劳务成本	本科目核算企业因对外提供劳务发生的成本，可按提供劳务的种类进行明细核算。企业（证券）在为上市公司进行承销业务发生各项相关支出时，可将本科目改为"待转承销费用"科目，并按照客户进行明细核算
研发支出	本科目核算企业在研究与开发无形资产过程中发生的各项支出，按研究开发项目分别以"费用化支出""资本化支出"科目进行明细核算

5.常用的损益类科目

常用的损益类会计科目如表 2-5 所示。

表 2-5 常用的损益类会计科目

科目名称	说明
主营业务收入	本科目核算企业主营业务收入，占企业总收入的比重最大
其他业务收入	本科目核算企业其他业务收入
公允价值变动损益	本科目核算企业在初始确认时划分为以公允价值计量且其变动计入当期损益的金融资产或金融负债（包括交易性金融资产或金融负债和直接指定为以公允价值计量且其变动计入当期损益的金融资产或金融负债）和以公允模式进行后续计量的投资性房地产
投资收益	本科目核算企业根据长期股权投资准则确认的投资收益或投资损失，按投资项目进行明细核算
营业外收入	本科目核算企业非日常活动中产生的与生产经营无直接关系的各项利得，包括处置非流动资产的利得、受赠利得和盘盈利得等
主营业务成本	本科目核算企业主营业务成本，与主营业务收入是直接配比的科目。本科目来自生产成本
其他业务成本	本科目核算企业因其他业务而产生的成本
税金及附加	本科目核算企业因主营业务而产生的各种税金,包括增值税、消费税、城市维护建设税和教育费附加等费用类税金
销售费用	本科目核算企业为销售而发生的或者在销售过程中发生的，或者单设销售机构、售后服务网点等发生的所有费用，包括运输费、包装费、广告费、展览费和专设销售机构的销售人员工资等
管理费用	本科目核算企业行政机构为组织生产经营而发生的各种费用，包括董事会费、公司经费等
财务费用	本科目核算企业为筹集生产经营所需资金而发生的费用，包括利息支出和手续费用等
营业外支出	本科目核算企业非日常活动中产生的与生产经营无直接关系的各种损失，包括捐赠支出、非常损失、罚款支出、处置非流动资产损失等
所得税费用	本科目核算企业所得税费用
资产减值损失	本科目核算企业资产发生跌价或减值产生的损失，包括坏账损失、存货跌价损失和固定资产减值损失等

了解了会计科目的设置，我们就可以着手建立账户了。

实操笔记

【单选题】

1.关于会计科目，下列说法中不正确的是（　　）。

A.会计科目的设置应该符合国家统一会计准则的规定

B.会计科目是设置账户的依据

C.企业不可以自行设置会计科目

D.账户是会计科目的具体运用

2.以下（　　）不是企业负债类会计科目。

A.长期借款　　B.应付账款　　C.待转资产价值　　D.应付债券

答案：1.C　2.C

♻ 2.2　会计账户的建立

会计小夏根据工厂的实际情况，列出了会计科目，接下来，他就可以开始建立账户了。下面，我们来了解一下会计账户的概念和基本结构。

2.2.1　会计账户的概念

会计账户是根据会计科目设置的，具有一定的结构和格式，用来全面、系统、连续地记录经济业务，反映会计要素的增减变动情况和结果的工具。在实际工作中，会计账户的名称与会计科目的名称相同。

会计
小课堂

　　在会计学中，会计账户和会计科目是两个不同的概念，二者既有联系，又有区别。会计账户与会计科目反映的经济内容是一样的，但是会计科目规定基本核算的内容和范围，本身并没有结构；而账户不但要有明确的核算内容，还应具有一定的结构，以便登记经济业务，反映核算项目的增减变动情况和结果。

1. 会计账户的分类

与会计科目一样，会计账户也可以按反映的经济内容和提供信息的详细程度进行分类。

（1）按反映的经济内容分类

按照反映的经济内容分类，会计账户可分为资产类账户、负债类账户、共同类账户、所有者权益类账户、成本类账户和损益类账户。其中，负债类账户和所有者权益类账户存在备抵账户，即抵减账户，就是用来递减被调整账户余额，以便确定调整账户实有数额而设立的独立账户。

（2）按提供信息的详细程度分类

按照提供信息的详细程度分类，会计账户可分为总分类账户和明细分类账户，二者核算的内容相同，但是对内容反映的详细程度不同，是相互补充、相互制约、相互核对的关系。总分类账户统御和控制所属明细分类账户，而明细分类账户则从属于总分类账户。

值得注意的是，会计人员在进行记账的时候，要做到总分类账户和明细分类账户平行登记。所谓平行登记，就是做到以下四点：

- 同依据登记：以相关的原始凭证为依据，同时登记总分类账户和所属明细分类账户，不能根据对方记录进行转记。
- 同时登记：每项经济业务都要在同一会计期间内，既要计入总分类账户，又要计入所属的明细分类账户。
- 同方向登记：登记每项经济业务时，总分类账户和与所属明细分类账户的记账方向（借方或贷方）必须一致。
- 同金额登记：计入总分类账户的金额，必须与计入所属明细分类账户的金额之和相等。

2. 会计账户包含的内容

一般来说，会计账户应该包含以下几项内容：

- 账户的名称：账户名称即会计科目。
- 日期和摘要：记录经济业务的日期、概括说明经济业务的内容。
- 凭证号：说明账户记录的依据。
- 增加额、减少额及余额：增加额和减少额通常用"借方"和"贷方"来表示。

一般会计账户的样式如表 2-6 所示。

表 2-6　一般会计账户的样式

账户名称（会计科目）								
年		凭证		摘　　要	借方	贷方	借或贷	余额
月	日	种类	号数					

2.2.2　会计账户的基本结构

账户可以连续、系统地记录经济业务引起的核算项目增减变动情况和结果。在账户中，会计要素在特定会计期间增加和减少的金额，分别称为"本期增加发生额"和"本期减少发生额"，两者可以并称为"本期发生额"。而会计要素在会计期末的增减变动结果，则称为账户的"余额"，上期的"期末余额"转入本期就成了本期的"期初余额"，以此类推。

"本期增加发生额""本期减少发生额""期末余额""期初余额"是账户的四个金额要素，它们之间的关系可以用下列等式表示：

期末余额－期初余额＝本期增加发生额－本期减少发生额

这个等式也构成了的会计账户的基本结构。我们可以将会计账户基本结构用"T 字账"的形式表示出来，如图 2-2 所示。

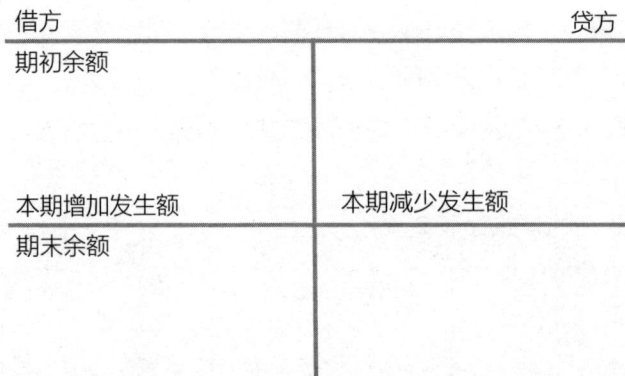

图 2-2　会计账户基本结构

大家可以从图 2-2 中看到，该账户中有"借方"和"贷方"两栏。为什么会有这两栏呢？这和会计的基本记账方法有关。在下一节中，我们将一起学习这种记账方法。

实操笔记

【写一写】会计账户的四个金额要素分别是什么？请写出表示它们之间关系的等式。

_____

_____

_____

♻ 2.3　会计的基本记账方法

在设置好会计科目和会计账户以后，小夏购买了各种会计账簿，并正式开始了建账工作。工厂以前的账目十分混乱，为了重新整理账目，小夏必须运用科学的记账方法来登记工厂的各项经济业务。

会计在记账时，必须根据相应原理，运用记账符号，遵循记账规则，采用一定的计量单位，利用文字和数字在账簿中登记经济业务，否则就无法系统而详细地反映出企业经济业务的增减变动情况及其结果。很多小微企业的账本之所以会成为"一本乱账"，就是因为管理者没有重视会计工作，没有聘请专业的会计人员，也没有运用专业的方法记账。

那么，专业的记账方法是什么呢？答案是，借贷记账法。

借贷记账法是复式记账法中的一种。复式记账法是指在反映每项经济业务时，应当以相等的金额，同时在相关的至少两个账户中进行登记的记账方法。它的理论依据就是我们非常熟悉的会计恒等式：资产＝负债＋所有者权益。因为会计恒等式中任意一项的变动，都会让其他两个项目发生增减变动，而且增减变动的金额相等，所以在反映每项经济业务时，应当以相等的金额同时在相关的至少两个账户中进行登记。

复式记账法具有两大优点：一是能够全面、系统地反映每项经济业务的来龙去脉；二是可以对账户记录的结果进行试算平衡，以便核对、检查。总之，复式记账法是一种科学的记账方法。

在复式记账法下，又可以分出三种具体的记账方法，分别是借贷记账法、增减记账法和收付记账法。其中，借贷记账法是目前世界上普遍采用的计账方法，也是我国现行《企业会计准则》规定的记账方法。

会计
小课堂

　　我国会计行业对于借贷记账法的运用始于 1908 年。20 世纪 60 年代以来，出现了一些新的记账方法，如增减记账法、收付记账法等。随着经济的发展，统一记账方法的要求越来越迫切。财政部在 1992 年 11 月 30 日颁布的《企业会计准则》中规定：自 1993 年 7 月 1 日起，我国所有企业均采用借贷记账法。

　　现行的《企业会计准则》第十一条规定，企业应当采用借贷记账法记账。

2.3.1　借贷记账法

　　借贷记账法是以"借"和"贷"作为记账符号的一种复式记账方法。随着商品经济的发展，借贷记账法的记账对象不再局限于债权和债务关系，而被用于记录各类经济业务的增减变化，计算经营损益状况。

1. 借贷记账法下的账户基本结构

　　在运用借贷记账法记账时，我们采用"借"和"贷"作为记账符号，账户的左边是"借方"，右边是"贷方"。借贷记账法下账户的基本结构如图 2-3 所示。

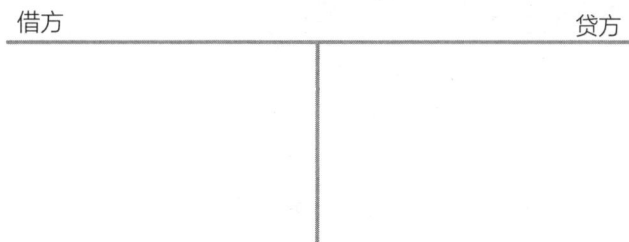

借方　　　　　　　　　　　　　　　　　　　　　　　　　　贷方

图 2-3　借贷记账法下账户的基本结构

以现金日记账为例，其账户结构如图 2-4 所示。

现 金 日 记 账

年		凭证编号	摘　　要	对方科目编码	借　方									✓	贷　方									✓	余　额								
月	日				千	百	十	万	千	百	十	元	角	分		千	百	十	万	千	百	十	元	角	分		千	百	十	万	千	百	十	元	角	分

图 2-4　现金日记账的账户结构

　　下面，我们分别来看看资产/成本类、负债/所有者权益类、损益类、费用类账户的基本结构。

　　（1）资产/成本类账户的基本结构

　　在资产/成本类的账户中，"借方"登记增加额，"贷方"登记减少额，期末如有余额，一般登记在"借方"。资产/成本类账户的基本结构如图 2-5 所示。

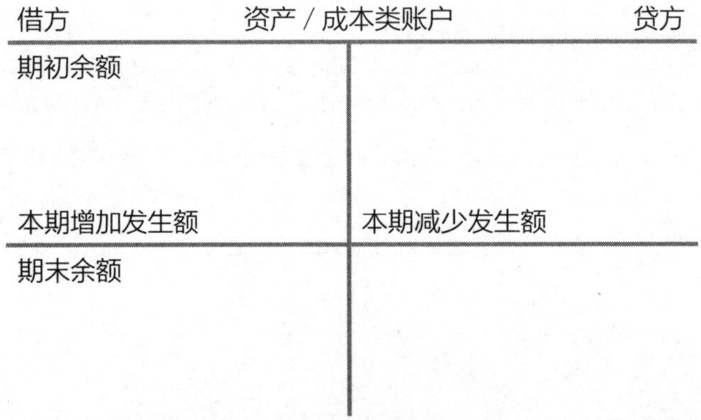

借方	资产/成本类账户	贷方
期初余额		
本期增加发生额	本期减少发生额	
期末余额		

期末借方余额 = 期初借方余额 + 本期借方发生额 − 本期贷方发生额

图 2-5　资产/成本类账户的基本结构

　　（2）负债/所有者权益类账户的基本结构

　　与资产/成本类账户相反，负债/所有者权益类账户的"贷方"登记增加额，"借方"登记减少额，期末如有余额，一般登记在"贷方"。负债/所有者权益类账户的基本结构如图 2-6 所示。

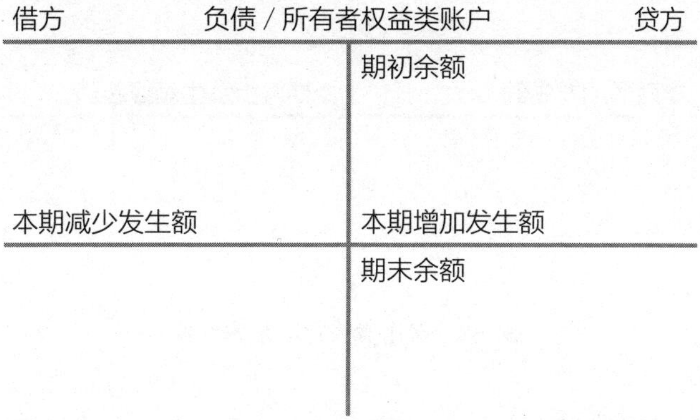

借方	负债 / 所有者权益类账户	贷方
	期初余额	
本期减少发生额	本期增加发生额	
	期末余额	

期末贷方余额 = 期初贷方余额 + 本期贷方发生额 − 本期借方发生额

图 2-6　负债 / 所有者权益类账户的基本结构

（3）损益类账户的基本结构

损益类账户与负债 / 所有者权益类账户的结构相似，"贷方"登记增加额，"借方"登记减少额（转出数），结转后无余额。损益类账户的基本结构如图 2-7 所示。

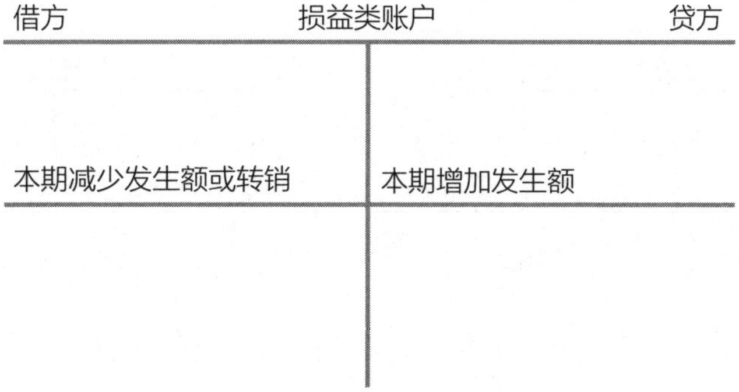

借方	损益类账户	贷方
本期减少发生额或转销	本期增加发生额	

图 2-7　损益类账户的基本结构

（4）费用类账户的基本结构

费用类账户与资产 / 成本类账户的结构相似，"借方"登记增加额，"贷方"登记减少额，结转后无余额。费用类账户的基本结构如图 2-8 所示。

借方	费用类账户	贷方
本期增加发生额		本期减少发生额或转销

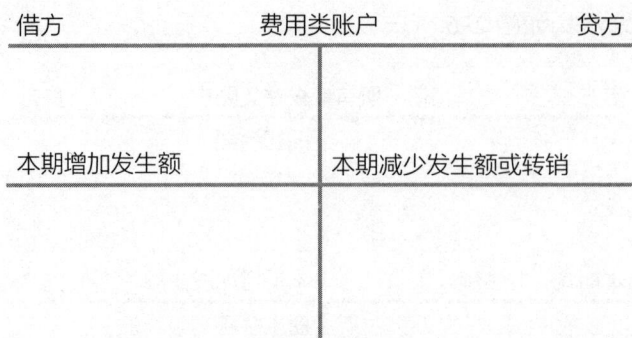

图 2-8　费用类账户的基本结构

2. 借贷记账法的规则

借贷记账法的基本规则是"有借必有贷，借贷必相等"，这项规则的意思是：对每项经济业务都要在两个或两个以上相互联系的会计账户中以借方和贷方相等的金额进行记录。

为了让大家更好地理解，我们来举一个简单的例子。比如，会计小夏所在工厂的老板将 10 万元款项打入工厂的银行账户。对于这项经济业务，会计小夏的登记方法如图 2-9 所示。

实收资本		银行存款	
	100 000	100 000	

图 2-9　会计小夏的登记方法

小夏为什么要这样记账呢？因为这项经济业务一方面让企业的"实收资本"增加了 10 万元，另一方面也让企业的"银行存款"增加了 10 万元。而"实收资本"属于所有者权益类账户，增加的 10 万元应计入"贷方"，"银行存款"属于资产类账户，增加的 10 万元应计入"借方"。

上述例子很好地说明了"有借必有贷，借贷必相等"，会计人员在记账时一定要牢记这项规则。

2.3.2 借贷记账法下的会计分录

根据"有借必有贷，借贷必相等"的记账规则，我们在登记一项经济业务时，有关账户之间一定会发生应借、应贷的相互关系。我们将这种关系称为"账户的对应关系"，而发生对应关系的账户，也叫作"对应账户"。我们可以通过"账户的对应关系"，清楚地了解每笔经济业务的内容及其来龙去脉，还可以检查每项经济业务的会计处理是否合理合法。

标明某项经济业务的应借、应贷会计科目及其金额的记录，就是会计分录。

会计分录由应借应贷方向、对应科目及金额三大要素组成，可以分为简单分录和复合分录。简单分录是只涉及一个账户借方和另一个账户贷方的会计分录，即"一借一贷"的会计分录；而复合分录是指由两个以上（不含两个）对应账户组成的会计分录，即"一借多贷""多借一贷""多借多贷"的会计分录。我们在编写会计分录时，应尽量避免"多借多贷"式的会计分录。会计分录的分类如图 2-10 所示。

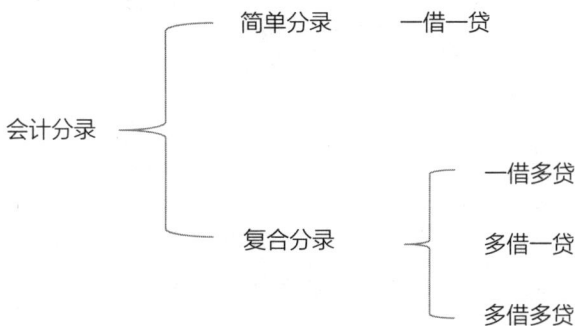

图 2-10 会计分录的分类

会计分录是记载各项经济业务的凭证，也是记账的直接依据。编写会计分录是会计工作的初步阶段，如果会计分录出了错，那么会计记录的正确性就会受到影响。所以，会计分录必须正确、如实地编写。

那么，会计分录应该如何编写呢？还是以前文中"会计小夏所在工厂的老板将 10 万元款项打入工厂的银行账户"这一经济业务为例，会计分录的编写方式如图 2-11 所示。

```
┌─────────────────────────────────────────────┐
│                                               │
│        借：银行存款   100 000                  │
│                                               │
│          贷：实收资本   100 000                │
│                                               │
│           │         │        │                │
│           │         │        │                │
│         借贷方向   对应科目   金额              │
│                                               │
│   口诀：上借下贷、左右错开、金额对应相等        │
└─────────────────────────────────────────────┘
```

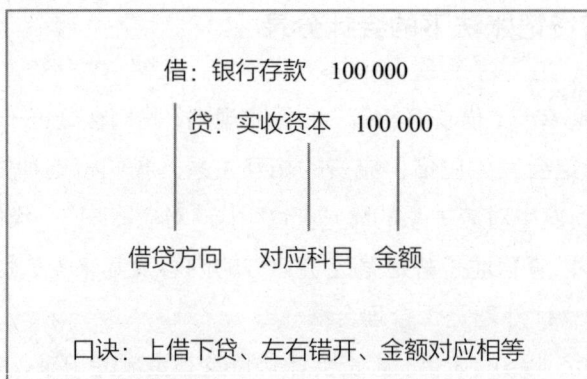

图 2-11　会计分录的编写方式

一般来说，会计分录的编写分为三步，第一步是找到相关的会计科目，第二步是明确科目的借贷方向，第三步是填写交易的金额。另外，在"一借多贷"或"多借一贷"的情况下，贷方或借方账户的名称和金额数字必须对齐，以便进行试算平衡。

"上借下贷、左右错开、金额对应相等"是经验丰富的会计前辈们总结出的会计分录编写口诀，希望大家能够牢记在心。

2.3.3　借贷记账法的试算平衡

在本节的开头，我们提到过复式记账法的两大优点，其中一个就是它可以对账户记录的结果进行试算平衡，以便核对、检查。那么，什么是试算平衡呢？

所谓试算平衡，就是根据资产、权益之间的平衡关系和记账规则来检查账户记录是否正确、完整的一种验证方法，分为发生额试算平衡和余额试算平衡。

1. 发生额试算平衡

发生额试算平衡是指全部账户本期借方发生额合计与全部账户本期贷方发生额合计保持平衡，其依据是借贷记账法的记账规则，即"有借必有贷，借贷必相等"。发生额试算平衡的公式如下：

全部账户本期借方发生额合计 = 全部账户本期贷方发生额合计

2. 余额试算平衡

余额试算平衡是指全部账户借方期末（初）余额合计与全部账户贷方期末（初）余额合计保持平衡，其依据是资产与权益的恒等式，即"资产＝负债＋所有者权益"。余额试算平衡的公式如下：

全部账户的借方期初余额合计＝全部账户的贷方期初余额合计

全部账户的借方期末余额合计＝全部账户的贷方期末余额合计

3. 试算平衡表在编制时的注意事项

我们在对账户记录的结果进行试算平衡并编制试算平衡表时，必须注意以下几个重要事项：

- 必须保证所有账户的余额均已记入试算平衡表；
- 如试算平衡表借贷不相等，说明账户记录有错误，应认真查找错误所在，直到实现平衡为止；
- 即便实现了有关三栏的平衡关系，也不能说明账户记录绝对正确，因为有些错误并不会影响借贷双方的平衡关系。

试算平衡表的样式如表 2-7 所示。

表 2-7　试算平衡表的样式

会计科目	期初余额		本期发生额		期末余额	
	借方	贷方	借方	贷方	借方	贷方
库存商品						
固定资产						
销售收入						
……						

试算平衡表
2020 年本年合计
单位：元

账户上的有些错误是无法通过试算平衡查找出来的，如漏记、重记、记错有关账户、颠倒记账方向、某科目中借贷双方金额同时多记或少记、多记与少记的金额相互抵销等。会计人员应该认真做好记账、建账的每一步，并做好检查、审核工作，杜绝错误的发生，保证账户的正确性。只有这样，后期的核算工作才能顺利开展。

实操笔记

【单选题】某项经济业务的会计分录如下：

借：资本公积　　5 000

　　贷：实收资本　5 000

该会计分录表示（　　）。

A. 一个资产项目减少 5 000 元，一个所有者权益项目增加 5 000 元

B. 一个所有者权益项目增加 5 000 元，另一个所有者权益项目减少 5 000 元

C. 一个资产项目增加 5 000 元，一个所有者权益项目增加 5 000 元

D. 一个所有者权益项目增加 5 000 元，另一个所有者权益项目也增加 5 000 元

答案：B

第 3 章

会计凭证：如实反映企业经济业务的凭据

　　会计凭证是会计核算的依据，在会计实务中发挥着重要的监督作用。记账凭证分为原始凭证和记账凭证，每张凭证都要在填制、审核无误后，才能登记入账，只有这样才能保证会计核算的真实性和准确性。

♻ 3.1　会计凭证的基本常识

2018 年，河南省洛阳市涧西区人民法院做出了这样一个判决："被告人常××犯隐匿、故意销毁会计凭证罪，判处有期徒刑一年，缓刑一年零六个月，并处罚金人民币十万元。"

《会计法》第四十四条明确规定："隐匿或者故意销毁依法应当保存的会计凭证、会计账簿、财务会计报告，构成犯罪的，依法追究刑事责任。"《中华人民共和国刑法》中也有"隐匿、故意销毁会计凭证、会计账簿、财务会计报告罪"。

看了上述判决和法律条文，有人可能会疑惑："会计凭证有这么重要吗？"的确，会计凭证是如实反映企业经济业务的凭据，在会计实务中发挥着重要的依据和监督作用。

3.1.1　什么是会计凭证

首先，让我们来认识一下什么是会计凭证。

1. 会计凭证的定义

会计凭证是财务会计工作中用以记录经济业务、明确经济责任的书面证明，是登记账簿的依据。财务会计不仅反映会计主体的资金运动及其运动过程，还反映资金运动过程中形成的经济利益关系。为了保护相关者的经济利益和会计主体的财产安全，所有会计核算资料都必须有记录、有凭据，以保证会计核算的真实可靠、合规合法。

因此，只有取得审核无误的会计凭证后，会计人员才能登记入账，并组织会计核算。

2. 会计凭证的分类

根据会计核算和监督的需要，会计凭证被分为不同类别。

　　按填制程序和用途不同，会计凭证可以分为原始凭证和记账凭证两大类。原始凭证是在经济业务发生时立即填制或取得的会计凭证。它按来源的不同，又可以分为自制原始凭证和外来原始凭证。记账凭证可以分为收款凭证、付款凭证和转账凭证。会计凭证的分类如图3-1所示。

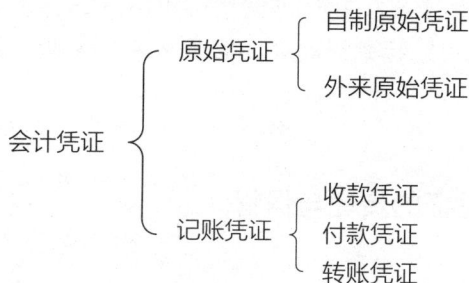

```
                          ┌─ 自制原始凭证
                  原始凭证 ┤
                          └─ 外来原始凭证
        会计凭证 ┤
                          ┌─ 收款凭证
                  记账凭证 ┤  付款凭证
                          └─ 转账凭证
```

图 3-1　会计凭证的分类

3.1.2　会计凭证的作用

　　会计凭证的重要性是毋庸置疑的，它在企业的财务工作中可以起到三个作用。

1. 会计凭证可以记录经济业务，提供记账依据

　　准确填制会计凭证可以及时、如实地反映各项经济业务的内容及其完成情况，为财务核算和管理提供可靠的原始资料；而且，会计凭证是登记账簿的重要依据，如果没有会计凭证，我们就无法记账。

2. 会计凭证可以明确经济责任，强化内部控制

　　会计凭证上不仅如实记录了每笔经济业务的内容，而且凭证上还有相关部门和人员的签章，这就意味着相关部门和人员要为经济活动的真实性、准确性、合法性负责。因此，会计凭证具有明确经济责任的作用。

　　通过明确经济责任，企业的内部部门或人员之间会形成相互牵制、相互监督的关系，从而有效防止财务舞弊，加强内部控制。

3. 会计凭证可以监督经济活动，控制经济运行

　　企业发生的每项经济业务，都要取得或填制相应的会计凭证，只有这样才

能保证各项经济业务的发生有真凭实据，防止弄虚作假，一旦发现问题也可以及时追查。因此，会计凭证对经济活动能够起到有效的监督作用。

在审核会计凭证的过程中，我们可以检查和监督企业的各项经济业务是否合法、是否符合计划和预算等。一旦发现问题，应及时采取纠正或补救措施。这样一来，我们就实现了对经济活动的事中控制。

总之，会计凭证可以起到提高会计信息质量、改善经营管理、提高经济效益的作用。

3.1.3　会计凭证的传递与保管

我们一再强调会计凭证的重要性，就是希望大家能够引起重视，在填制、审核、传递和保管会计凭证的过程中做到尽职尽责。那么，我们应该怎样传递和保管记账凭证呢？

1. 会计凭证的传递

会计凭证的传递是指从其取得或填制开始，经过出纳、审核、记账、装订到归档保管的过程中，在单位内部有关部门和有关人员之间按规定的时间、路线办理业务手续和进行处理的过程。

那么，这条传递路线应该如何设置才合理呢？可以参考以下三个步骤：

第一步，根据经济业务的特点、内部机构设置、人员分工以及经营管理需要，规定各种会计凭证的联数和所经过的必要环节。既要使各有关部门和人员能够充分利用会计凭证了解经济业务情况，又要避免传递路线中出现不必要的环节。

第二步，根据经济业务办理必要手续（如计量、检验、审核、登记等）的需要，确定凭证在各个环节停留的时间。要防止不必要的耽搁，让会计凭证以最快的速度传递。

第三步，建立凭证交接的签收制度。为了保证会计凭证的安全和完整，应在各个环节指定专人办理交接手续，做到责任明确、手续完备而严密，并且便于执行。

会计凭证的传递一方面要满足内部控制制度的要求，做到传递程序有效合理，另一方面又要节约传递时间，尽量减少中间环节，降低执行难度。

2. 会计凭证的保管

会计凭证的正确保管是会计资料完整和安全的重要保障。要做好会计凭证的保管，我们在平时的工作中应该注意以下五点：

第一，日常工作中，要将会计凭证装订成册，并交由专人保管。年终决算后，将全年会计凭证造册登记并集中归档保管。归档后的会计凭证应当加贴封条，防止抽换。

会计小课堂

保管会计凭证的装订要求如下：

（1）用"三针引线法"装订，装订时使记账凭证及其附件保持尽可能大的显露面，以便事后查阅。

（2）凭证外面要加封面，封面纸用较厚的牛皮纸印制，封面规格略大于所附记账凭证。

（3）记账凭证封面应该包含凭证种类、起止号码、凭证张数、会计主管人员和装订人员签章。

（4）装订凭证厚度一般为1.5厘米，以保证装订牢固，美观大方。

（5）会计凭证一般每月装订一次，装订好的凭证按年分月妥善保管归档。

（6）在封面上编好卷号，按编号顺序入柜，并在显露处标明凭证种类编号，以便调阅。

第二，调阅已归档保管的会计凭证时，要履行审批手续，并做好登记工作。登记内容包括调阅人员姓名、凭证名称、调阅日期、调阅理由、所在单位/部门等。

第三，原始凭证概不外借，如果其他企业或单位需要使用原始凭证，应当经过本企业或本单位会计机构负责人、会计主管人员的批准。向其他企业或单位提供原始凭证的复制件时，要进行专门的登记，并由提供者和接收者分别签名或盖章。

第四，严格按照会计制度规定，确定会计凭证的保管期限。会计凭证的保管期限分为永久保管和定期保管，年度财务会计报告及某些涉外的会计凭证、会计账簿需永久保管，其他会计凭证需定期保管，会计凭证的保管期限为30年。

第五，会计凭证保管期满后方可销毁，但销毁会计凭证要严格按相关规定执行，登记造册并报单位领导审批后，才能销毁。

合法地取得会计凭证、正确地填制和审核会计凭证、安全妥善地传递和保管会计凭证，是财务工作中的基本内容，也是会计核算工作的起点。因此，每位会计人员都要学会正确处理会计凭证。

实操笔记

【单选题】下列各项中，不属于会计凭证作用的是（　　）。

A. 记录经济业务，提供记账依据

B. 明确经济责任，强化内部控制

C. 监督经济活动，控制经济运行

D. 强化企业管理，规范会计活动

答案：D

♻ 3.2 原始凭证的填制与审核方法

小李在一家会计师事务所工作，负责为多家企业做账，最近她刚刚接手了一家小企业的账目。在正式开始做账之前，小李的一项重要工作就是整理和审核会计凭证。她决定先从原始凭证入手。

3.2.1 什么是原始凭证

什么是原始凭证呢？事实上，生活中常见的收款收据、发票、入库单、借款单、火车票、飞机票等都是原始凭证。

1. 原始凭证的定义

原始凭证是指在经济业务发生或完成时取得或填制的，用以记录和证明经济业务的发生或完成情况的文字凭据。它们是经济业务发生过程中直接产生的，是会计核算的原始资料。

需要注意的是，凡是不能证明经济业务已经发生或完成的凭证或文件，都不能作为记账的依据，也不属于原始凭证。比如，派工单、银行存款余额调节表、预算计划、购销合同等都不能作为原始凭证。

2. 原始凭证的分类

企业的经济活动多种多样，而且每项业务都有其各自的原始凭证，所以原始凭证的形式也是多种多样的。通常，我们会按三个标准来对原始凭证进行分类。原始凭证的分类如图 3-2 所示。

（1）按来源不同分类

- 自制原始凭证：由本单位内部经办经济业务的部门或人员，在办理某项经济业务时填制的原始凭证，如领料单、入库单、出库单、借款单、报销单等。

- 外来原始凭证：在经济业务发生或完成时，从外单位取得的原始凭证，如发票、银行结算凭证等。

（2）按填制手续及内容不同分类

- 一次凭证：只反映一项或同时反映若干项同类性质的经济业务，填制手续是一次完成的原始凭证，如收料单、领料单、借款单、差旅费报销单、各种发票、各种银行结算凭证等。

- 累计凭证：在一定时期内多次记录发生的同类经济业务的原始凭证，一张凭证内可以连续登记相同性质的经济业务，随时结出累计数及结余，并按照费用限额进行费用控制，期末按实际发生额记账，如限额领料单等。

- 汇总凭证：将一定时期内若干份记录同类业务的原始凭证按照一定标准综合填制的原始凭证，如发料汇总表、工资结算汇总表、差旅费报销单等。

（3）按格式不同分类

- 通用凭证：由有关部门统一印制、在一定范围内使用的，具有统一格式和使用方法的原始凭证，如增值税发票、支票、商业汇票等。

- 专用凭证：由单位自行印制、仅在本单位内部使用的原始凭证。这种凭证一般在名称之前写上单位名称，如某单位的收料单、折旧计算表、工资费用分配表等。

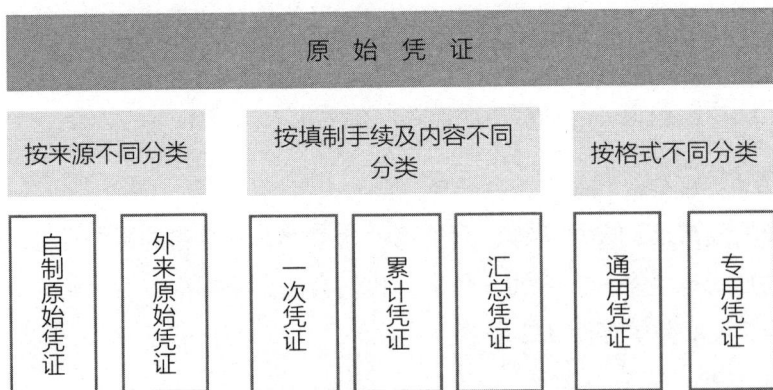

图 3-2　原始凭证的分类

3. 原始凭证的基本要素

原始凭证的种类多样，反映的经济业务和具体内容也不尽相同。但是，所有的原始凭证都必须具备一些基本要素，否则是无效的。一般来说，原始凭证的基本要素有八个，如表 3-1 所示。

表 3-1　原始凭证的基本要素

原始凭证的基本要素	备注
原始凭证名称	如"收料单""增值税专用发票"等
日期和编号	日期是指经济业务的发生日期，原始凭证的编号必须连续
接受凭证单位的名称	又称"抬头人"
经济业务的内容、数量、单位和金额	
填制单位名称	或者填制人姓名
有关人员的签名或盖章	包括部门负责人、经办人等
填制单位签章	
凭证附件	原始凭证附件的作用是提供更具体、更翔实的经济业务资料，如工资表所附的考勤表等

增值税专用发票票样如图 3-3 所示。这张票据中包含了除"凭证附件"外的所有原始凭证基本要素。我们在填制和审核原始凭证的时候应该仔细检查这些基本要素是否齐全。

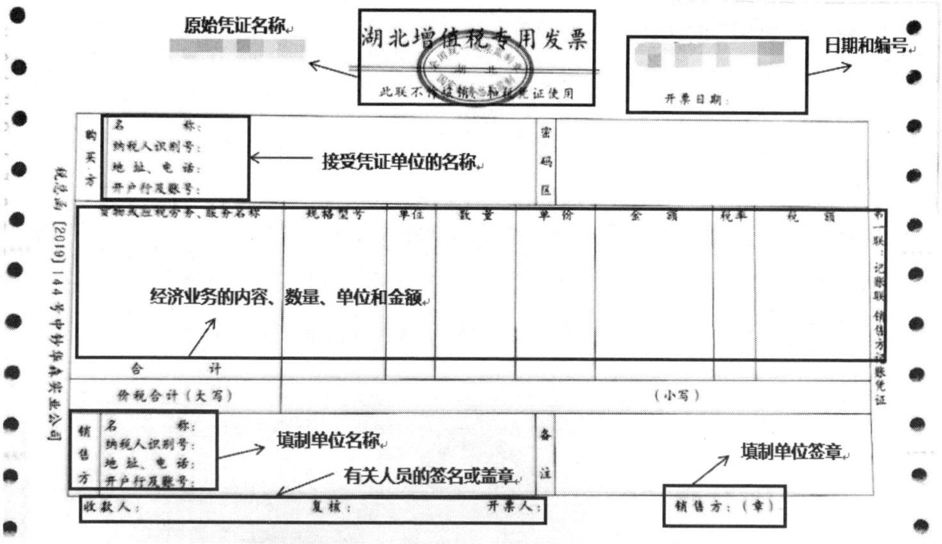

图 3-3　增值税专用发票票样

会计
小课堂

原始凭证和记账凭证同属于会计凭证，但二者存在以下差别：

（1）原始凭证是由经办人员填制的；记账凭证一律由会计人员填制。

（2）原始凭证是根据发生或完成的经济业务填制的；记账凭证是根据审核后的原始凭证填制的。

（3）原始凭证仅用以记录、证明经济业务已经发生或完成；记账凭证要依据会计科目对已经发生或完成的经济业务进行归类、整理。

（4）原始凭证是填制记账凭证的依据；记账凭证是登记账簿的依据。

3.2.2 原始凭证的填制

原始凭证的填制有一定的要求和规范，我们在填制原始凭证的时候必须严格遵守。

1.原始凭证的填制要求

为了保证会计核算资料的真实性、准确性和及时性，我们在填制原始凭证时必须满足以下七个要求：

（1）内容完整

原始凭证必须按规定的格式和内容逐项填写，并保证项目齐全、内容完整，不得省略或遗漏内容。填写原始凭证时，要按原始凭证的实际日期填写；名称要写全，不能简化；品名和用途要写明确；有关人员签章要齐全。

（2）记录真实

原始凭证的各项内容必须根据真实情况填制，反映的经济业务必须真实可靠，符合实际情况。原始凭证中实物的数量和金额要计算核对无误后填写，不得以估算、匡算结果填入。

（3）手续完备

原始凭证的各项手续必须完备。比如，从外单位取得的原始凭证，必须盖有填制单位的公章；从个人取得的原始凭证，必须有填制人员的签名或盖章；对外开出的原始凭证，必须加盖本单位公章；自制原始凭证必须有经办单位领导或指定的人员签名或盖章。

（4）书写规范

原始凭证应该按照规范填写，文字简要、字迹清楚、易于辨认，不可使用简化字、生造字。原始凭证的书写要求如图 3-4 所示。

小写金额的书写要求 >

1. 用阿拉伯数字逐个填写，不得出现连笔。

2. 金额前应当写明货币币种符号（人民币符号"¥"），币种符号与阿拉伯数字之间不得留有空白。凡阿拉伯数字前写有币种符号的，数字后面不再写货币单位。

3. 金额一律填写到角、分。无角分的，角位和分位可写"00"或者符号"－"；有角无分的，分位应当写"0"，不得用符号"－"代替。

大写金额的书写要求 >

1. 用汉字壹、贰、叁、肆、伍、陆、柒、捌、玖、拾、佰、仟、万、亿、元、角、分、零、整等填写，不得使用简化字和生造字。大写金额应用正楷或行书字体书写。

2. 大写金额前未印有"人民币"字样的，应加写"人民币"三个字，"人民币"字样和大写金额之间不得留有空白。

3. 大写金额数字到元或者角为止的，在"元"或"角"字之后应当写"整"字或"正"字。阿拉伯数字金额中间有"0"时，大写金额要写"零"字；阿拉伯数字金额中间连续有几个"0"时，大写金额中可以只写一个"零"字；阿拉伯数字金额元位是"0"，但角位不是"0"时，大写金额可以写"零"字，也可以不写"零"字。

图 3-4　原始凭证的书写要求

（5）编号连续

原始凭证的编号必须是连续的，如果原始凭证上已预先印制编号，在写错作废时，千万不要撕毁，应加盖"作废"戳记，并妥善保管。

（6）不得随意更改

原始凭证不得涂改、刮擦和挖补，如金额有错误，应当由出具单位重开或更正；而且，更正处应当加盖出具单位印章。

（7）填写及时

各种原始凭证一定要及时填写，并按规定的程序及时送交会计机构进行审核。

2. 自制原始凭证的填制方法

前文提到过，原始凭证按来源不同可分为外来原始凭证和自制原始凭证。外来原始凭证是企业同外单位发生经济业务时，由外单位的经办人员填制的，而自制原始凭证则是由本单位经办人员根据经济业务的发生或完成情况填制的。

下面，我们来看看自制原始凭证的填制方法。

（1）一次凭证的填制方法

一次凭证一般只反映一项经济业务，或者同时反映若干同类性质的经济业务，应在经济业务发生或完成时，由相关人员一次性填制完成。填制一次凭证时，应将凭证所列项目按照从上到下、从左到右的顺序依次填写，避免漏填和错填。

（2）累计凭证的填制方法

累计凭证是在一定时期不断重复地反映同类经济业务的完成情况的凭证。它是在每次经济业务完成后，由经办人员在同一张凭证上面重复填制完成的。

（3）汇总凭证的填制方法

汇总原始凭证是根据同一时期内若干份记录同类经济业务的原始凭证编制而成的一张汇总凭证，由相关人员汇总同时期、反映同类经济业务的原始凭证后填制完成。各单位对汇总时间的要求不尽相同，如每 5 天、10 天、15 天一汇总，或每月一汇总。

3.2.3 原始凭证的审核

为了充分发挥会计的监督职能，会计部门必须对各种原始凭证进行严格的审核。只有经过审核合格的原始凭证，才能成为记账依据及会计核算资料。对原始凭证的审核必须抓住以下六大关键点。

1. 真实性

对原始凭证真实性的审核主要包括：日期是否真实、业务内容是否真实、数据是否真实等。另外，对于自制原始凭证，必须审核其是否有经办部门负责人和经办人的签章；对于外来原始凭证，必须审核其是否有填制单位公章和填制人的签章；对于支票、银行汇票、发票等通用原始凭证，应审核凭证本身的真实性，谨防假冒。

2. 合法性

对原始凭证合法性的审核主要包括：所记录的经济业务是否符合国家有关政策和法规、审批手续是否完备、原始凭证内容的合法性和形式是否合法合规。如果在审核过程中发现违反财经纪律和制度的情况，会计人员有权拒绝付款、报销和执行。此外，对于存在涂改、伪造、作假等现象的原始凭证，会计人员有权不予受理，并向相关负责人报告。

3. 合理性

会计人员在审核原始凭证时，要注意判断其合理性。合理性是指原始凭证中的经济业务必须按照企业生产经营活动的需要以及有关的计划与预算来填写。

4. 完整性

会计人员应逐项审核原始凭证的项目是否完整、各项目是否按规定填列齐全、有关人员签章是否齐全、凭证联次是否正确等。对于内容不全、项目填列不完整的原始凭证，应该予以退回，并要求对方按规定进行更正和补充。只有原始凭证补充完整后，才能予以办理相关业务并登记入账。

5. 正确性

对于原始凭证正确性的审核主要包括：原始凭证填制方法和数字的计算是否正确、摘要是否清楚、日期是否真实、大写金额与小写金额是否相符、是否有刮擦、挖补、涂改和伪造痕迹等。如原始凭证中出现错误，应按要求更正后再办理业务或登记入账。

6. 及时性

为了保证会计信息的及时性，原始凭证要求在经济业务发生或完成时及时填制，因此，对于原始凭证及时性的审核主要包括：填制日期是否及时、签发日期是否有效等。有些原始凭证具有较强的时效性，审核时要特别注意。

以上内容就是原始凭证的相关知识，你掌握了吗？不过，说一千道一万，都不如上手操作一遍。对于原始凭证的填制和审核，应该在平时的工作中多加练习。

实操笔记

【操作题】2019 年 12 月 23 日，A 市美丽服装有限公司销售给 B 市 EE 服装贸易有限公司 T 恤（002 型号）共 8000 件，不含税单价为 100 元/件，增值税税率为 13%，请按下表给出的信息，填写"增值税发票"。

项目	A 市美丽服装有限公司	B 市 EE 服装贸易有限公司
纳税人识别号	12345678910123456D	019876543216543211
地址、电话	浙江省 A 市 XX 路 54 号 6879×××	江苏省 B 市 YY 路 12 号 6565×××
开户行	工商银行 A 市 C 支行	工商银行 B 市 D 支行
银行账户	1234123412341234	5678567856785678

♻ 3.3 记账凭证的填制与审核方法

会计凭证分为原始凭证和记账凭证，而记账凭证是在原始凭证的基础上填制的。在实际工作中，原始凭证审核无误后，就可以填制记账凭证了。

3.3.1 什么是记账凭证

记账凭证又称记账凭单，是会计人员根据审核无误的原始凭证填制的、可以作为记账依据的会计凭证。记账凭证记载了反映经济业务内容的会计分录，指明了经济业务应记入的账户名称、应记方向以及应记金额。通常，记账凭证还附有相关的原始凭证及附件。

正确填制记账凭证不仅可以简化记账工作、减少记账错误，还方便了对账和查账，可以大大提高记账的质量。

1. 记账凭证的分类

记账凭证有多种类别，如果按反映的经济业务内容不同分类，记账凭证可分为收款凭证、付款凭证和转账凭证。在实际工作中，规模小、业务简单的企业也可以使用通用记账凭证。如果按填列方式不同分类，记账凭证可分为单式凭证和复式凭证。记账凭证的分类如图 3-5 所示。

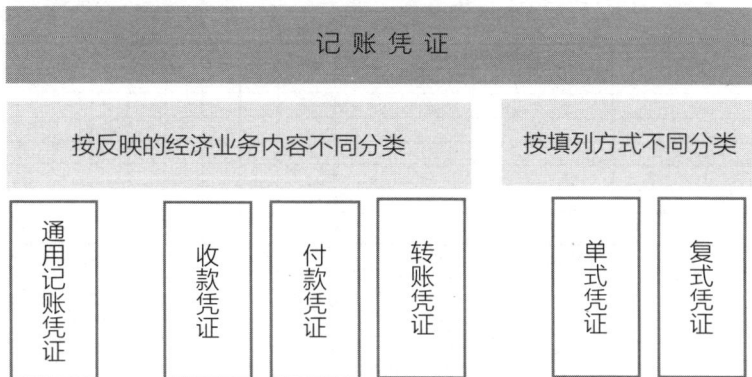

记 账 凭 证

按反映的经济业务内容不同分类 —— 通用记账凭证 / 收款凭证 / 付款凭证 / 转账凭证

按填列方式不同分类 —— 单式凭证 / 复式凭证

图 3-5 记账凭证的分类

（1）按反映的经济业务内容不同分类

通用记账凭证是指格式具有通用性，可以记录各种经济业务的记账凭证。它通常适用于规模小、会计业务少、经济业务比较简单的企业。通用记账凭证的样式如图 3-6 所示。

记 账 凭 证

第＿＿＿＿＿＿＿号
附件＿＿＿＿＿张

年　月　日

摘　要	会计科目		账页	借方金额									贷方金额								
	总账科目	明细科目		百	十	万	千	百	十	元	角	分	百	十	万	千	百	十	元	角	分
合　　　　　计																					

会计主管　　　　　会计　　　　记账　　　　　　　复核　　　　　　制单

图 3-6　通用记账凭证的样式

收款凭证、付款凭证和转账凭证属于专用记账凭证，是格式专用、适用特定业务种类的记账凭证。

- 收款凭证是用于现金及银行存款收款业务的记账凭证，根据现金和银行存款收款业务的原始凭证填制。
- 付款凭证是用于现金及银行存款付款业务的记账凭证，根据现金和银行存款付款业务的原始凭证填制。
- 转账凭证是用于不涉及现金和银行存款收付款业务的记账凭证，根据有关转账业务的原始凭证填制。

收款凭证、付款凭证、转账凭证的样式如图 3-7、图 3-8、图 3-9 所示。

收 款 凭 证

收字第＿＿＿＿＿＿号
附件共＿＿＿＿＿张

借方科目：

年　月　日

摘要	贷方会计科目		账页	贷 方 金 额								
	总账科目	明细科目		百	十	万	千	百	十	元	角	分
合　　　　计												

会计主管　　　　记账　　　　出纳　　　　　复核　　　　　制单

图 3-7　收款凭证的样式

付 款 凭 证

付字第_____号
附件共_____张

摘　要	借方会计科目		账页	借方金额									
	总账科目	明细科目		百	十	万	千	百	十	元	角	分	
合　　　　计													

贷方科目：　　　　　　　年　月　日

会计主管　　　　　记账　　　　　出纳　　　　　　　复核　　　　　制单

图 3-8　付款凭证的样式

转 账 凭 证

转字第_____号
附件共_____张

摘　要	会计科目		账页	借方金额									贷方金额								
	总账科目	明细科目		百	十	万	千	百	十	元	角	分	百	十	万	千	百	十	元	角	分
合　　　计																					

年　月　日

会计主管　　　　会计　　　　记账　　　　　　复核　　　　　制单

图 3-9　转账凭证的样式

会计
小课堂

　　收款凭证、付款凭证、转账凭证可以区别不同经济业务并对其进行分类管理，但凭证划分会导致核算工作量加大，只适用于规模较大，收付款业务较多的企业。规模小、会计业务少、经济业务比较简单的企业建议使用通用记账凭证。

　　对于现金和银行存款之间的相互划转业务，为了防止业务重复处理，应填制付款凭证，不填制收款凭证。例如，将现金存入银行、从银行提取现金或银行存款各账户之间的相互划转等业务均应填制付款凭证。

　　如果企业货币资金收付业务较多，还可以将收款凭证和付款凭证具体划分为现金收款凭证、现金付款凭证、银行存款收款凭证、银行存款付款凭证。

（2）按填列方式不同分类

单式凭证是指每张记账凭证只填列经济业务事项所涉及的一个会计科目及其金额的记账凭证。它又分为借项记账凭证（填列借方科目）和贷项记账凭证（填列贷方科目）。

比如，从银行提取现金 10 000 元，应记为：

借：银行存款　　10 000

　　贷：库存现金　　10 000

那么，在单式凭证中登记该项经济业务时，就应该把"银行存款"及金额登记在借项记账凭证上，把"库存现金"及金额登记在贷项记账凭证上。借项记账凭证、贷项记账凭证的样式如图 3-10、图 3-11 所示。

借项记账凭证

年　　月　　日　　　　　　编号：　号

摘　　要	总账科目	明细科目	账页	金　　额

会计主管　　　　记账　　　　　审核　　　　出纳　　　　　制单

图 3-10　借项记账凭证的样式

贷项记账凭证

年　　月　　日　　　　　　编号：　号

摘　　要	总账科目	明细科目	账页	金　　额

会计主管　　　　记账　　　　　审核　　　　出纳　　　　　制单

图 3-11　贷项记账凭证的样式

单式凭证便于按科目汇总，有利于分工填制凭证和记账。但它不利于反映经济业务的全貌，如果不慎出了差错，查找起来也十分困难；而且，单式凭证的数量众多，难以装订和保管。

复式凭证是指将每笔经济业务事项所涉及的全部会计科目及其发生额均在

同一张凭证中反映的记账凭证。有了复式记账凭证，就可以在一张凭证上反映每笔经济业务的全貌，便于与所附原始凭证相互核对,反映经济业务的来龙去脉。

但是，复式凭证不便于分工记账和汇总计算每个会计科目的发生额。前面介绍的通用记账凭证、收款凭证、付款凭证、转账凭证等都属于复式凭证。

2.记账凭证的基本要素

记账凭证的种类多样，内容和形式也不尽相同，但是无论哪一种记账凭证，都少不了以下八个基本要素。记账凭证的基本要素如表3-2所示。

表 3-2　记账凭证的基本要素

记账凭证的基本要素	备注
记账凭证的名称	如"收款凭证""付款凭证""转账凭证"等
日期和编号	日期是指经济业务的发生日期，凭证的编号必须连续
内容摘要	
会计科目及其记账方向	
金额	填写时注意借贷方向
记账标记	用于记录该收款凭证是否已经登账，如已经登账，可以打"√"
所附原始凭证张数	要准确无误
相关人员的签章	包括制单、复核、出纳、记账、会计主管等人员

收款凭证的基本要素如图3-12所示。我们在填制和审核记账凭证的时候，应该仔细检查这些基本要素是否齐全。

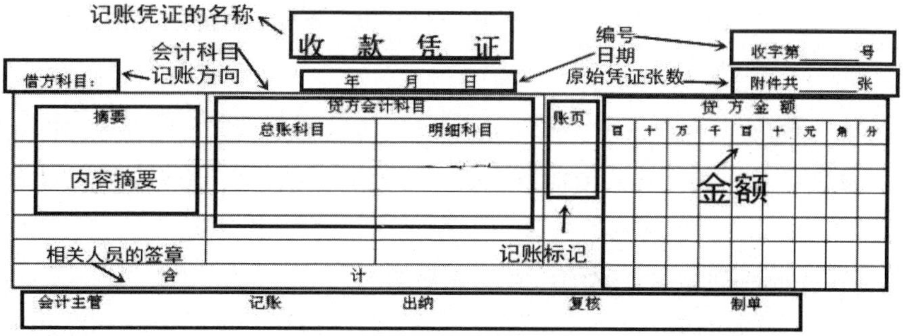

图 3-12　收款凭证的基本要素

3.3.2 记账凭证的填制

接下来，我们来看看记账凭证的填制要求和填制方法。

1. 记账凭证的填制要求

事实上，填制记账凭证的要求和填制原始凭证的要求是基本相同的，也要做到"内容完整、记录真实、手续完备、书写规范、编号连续、不得随意更改、填写及时"这七点。除此以外，填制记账凭证时还要特别注意以下七点：

（1）按规定编号

在填制记账凭证时，应当按记账凭证种类和业务发生顺序编号，如"收字1号""付字1号""转字1号"等，这种编号方法叫作"字号编号法"。如果一项经济业务需填制两张以上记账凭证时，则应该采取"分数编号法"进行编号，如"转字1½号"。

（2）准确填写会计分录

前文中已经介绍过会计分录的写法。会计人员在填制记账凭证时，应弄清应借、应贷的会计科目，并按要求填写，不得任意更改会计科目名称。

（3）正确填写摘要

摘要是对经济业务的简要说明，因而应用简明扼要的语言予以说明，准确表达经济业务的主要内容。

（4）记账凭证应附有原始凭证

除结账和更正错误的记账凭证外，其他记账凭证必须附有原始凭证。如果一张原始凭证涉及多张记账凭证，可以把原始凭证附在其中一张最主要的记账凭证后，并在其他记账凭证上注明附有该原始凭证的记账凭证的编号，以便查阅。

（5）记账凭证填制完经济业务事项后，如果还有空行，应当自金额栏最后一笔金额数字下的空行处至合计数上的空行处划线注销。划线注销法如图3-13所示。

（6）凭证填制完毕，必须由有关人员签章。

（7）填制记账凭证时，如果发生错误，应根据错误的时间和错误的类型，采用恰当的更正办法。比如，在凭证未登记入账前，应当重新填制；已登记入账的记账凭证发现错误，则应采取其他更正方法。具体的更正方法我们将在下一章内容中介绍，这里就不再赘述了。

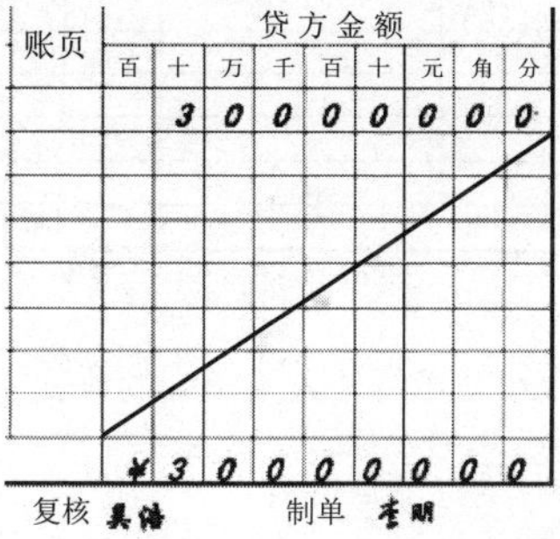

图 3-13　划线注销法

2. 记账凭证的填制方法

我们在填制记账凭证时，要先要根据企业会计核算要求和经济业务内容选择恰当的记账凭证，然后再根据具体的内容逐项填制。

（1）填制收款凭证

首先，收款凭证左上角的"借方科目"应按实际收到款项的性质填写"库存现金"或"银行存款"科目；然后，填写日期、编号和所附原始凭证的张数；接着填写"摘要"，对所记录的经济业务进行简要说明。

接下来，在"贷方会计科目"栏填写与收到"库存现金"或"银行存款"相对应的会计科目，再在"贷方金额"栏填上相应金额。最后，凭证下方分别由有关人员签章，以明确经济责任。如果该收款凭证已登记入账，则在"账页"栏上打上记账标记"√"，防止重记或漏记。

以上描述可能不够生动形象，下面我们就通过一个例子来看看收款凭证的填制方法。2020 年 12 月 3 日，股东 A 公司将 300 000 元资本金打入 B 公司账户，会计人员根据审核无误的银行进账单填制了收款凭证。A 公司会计人员填制的收款凭证如图 3-14 所示。

收款凭证

借方科目：银行存款　　2020年12月03日　　收字第01号　附件共02张

摘要	贷方会计科目		账页	贷方金额								
	总账科目	明细科目		百	十	万	千	百	十	元	角	分
收到A公司投资款	实收资本				3	0	0	0	0	0	0	0
合计				¥	3	0	0	0	0	0	0	0

会计主管　记账　出纳 张明　复核 王浩　制单 李华

图 3-14　A 公司会计人员填制的收款凭证

（2）填制付款凭证

付款凭证的填制方法与收款凭证基本相同，下面我们通过一个简单的例子来看看付款凭证的填制方法。

2020 年 5 月 12 日，B 公司购入一台计算机，增值税专用发票显示价款为 4 000 元，增值税为 520 元，全部款项用现金支票支付。出纳根据审核后的增值税专用发票和固定资产移交使用报告单支付款项，会计人员填制了相应的付款凭证。B 公司会计人员填制的付款凭证如图 3-15 所示。

付款凭证

贷方科目：库存现金　　2020年5月12日　　付字第01号　附件共03张

摘要	借方会计科目		账页	借方金额								
	总账科目	明细科目		百	十	万	千	百	十	元	角	分
购买计算机	固定资产						4	0	0	0	0	0
	应交税费	应交增值税						5	2	0	0	0
合计						¥	4	5	2	0	0	0

会计主管　记账　出纳 张明　复核 王浩　制单 李华

图 3-15　B 公司会计人员填制的付款凭证

在这里要提醒出纳人员的是，在办理收款或付款业务后，应在原始凭证上加盖“收讫”或“付讫”的戳记，避免重收、重付。

（3）填制转账凭证

填制转账凭证时，需将经济业务事项所涉及的全部会计科目按照先借后贷的顺序记入“会计科目”栏中的“总账科目”和“明细科目”，并按应借、应贷方向分别记入“借方金额”和“贷方金额”栏。其他项目的填写与收款和付款凭证相同。

我们还是通过一个例子来看看转账凭证的填制方法。

2020 年 4 月 15 日，B 公司新股东王明以一批打印机设备投资，开具的增值税专用发票显示设备价款为 300 000 元，增值税为 39 000 元，设备已交付使用。王明在公司享有的资本金为 339 000 元。会计人员填制了相应的转账凭证。B 公司会计人员填制的转账凭证如图 3-16 所示。

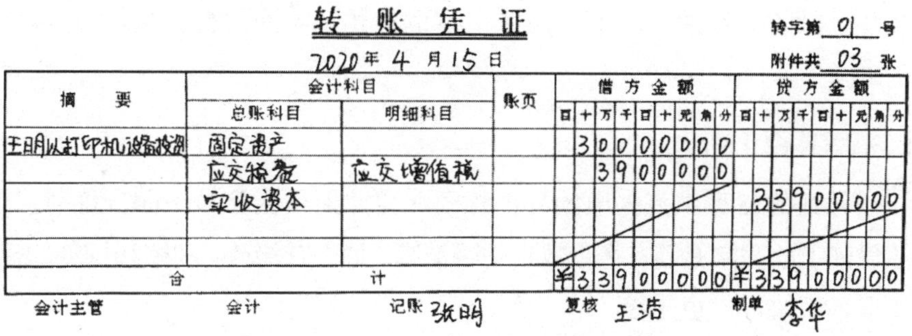

转 账 凭 证

2020年 4 月 15 日　　转字第 01 号　　附件共 03 张

摘要	会计科目		账页	借方金额	贷方金额
	总账科目	明细科目		百十万千百十元角分	百十万千百十元角分
王明以打印机设备投资	固定资产			30000000	
	应交税费	应交增值税		3900000	
	实收资本				33900000
合计				¥33900000	¥33900000

会计主管　会计　记账 张明　复核 王浩　制单 李华

图 3-16　B 公司会计人员填制的转账凭证

3.3.3　记账凭证的审核

记账凭证的审核与原始凭证的审核有共通之处，即都要讲求真实、合法、准确。为了保证会计信息的质量，会计人员在审核记账凭证时应该注意以下五个关键点。

1. 内容是否真实

审核记账凭证的第一个关键点是审核凭证是否真实，要看记账凭证是否有原始凭证作为依据、原始凭证的内容与记账凭证的内容是否一致、记账凭证汇总表的内容与其所依据的记账凭证的内容是否一致等。

2. 项目是否齐全

会计人员在审核记账凭证时，要看凭证的日期、编号、摘要、会计科目、金额、所附原始凭证张数、有关人员签章等项目是否齐全、准确。

3. 科目是否正确

记账凭证涉及应借、应贷科目，会计人员应该审核凭证上的科目是否正确，是否符合有关会计制度的规定。

4. 金额是否一致

金额一致是指记账凭证所记录的金额与原始凭证的有关金额一致、记账凭证汇总表的金额与记账凭证的金额合计一致。会计人员在审核记账凭证时，要重点关注金额的一致性。此外，还要审核记账凭证中的数量、单价、金额计算是否正确。

5. 书写是否正确

记账凭证的书写规范与原始凭证相同。会计人员在审核记账凭证时，要重点关注凭证上的文字是否工整、数字是否清晰，是否有涂改、刮擦和挖补的痕迹，出现错误是否按规定更正等。

在审核记账凭证的过程中，如果发现差错，必须及时查明原因，并按规定办法及时处理和更正。值得强调的是，无论是原始凭证还是记账凭证，都必须在审核无误后，才能登记入账。

实操笔记

【单选题】

1. 下列不属于记账凭证基本要素的是（　　）。

A. 记账凭证的会计科目　　　　　B. 摘要

C. 接受记账凭证的单位名称　　　　D. 记账凭证的编号

2. 使用收款凭证、付款凭证、转账凭证的单位，发生与货币资金无关的业务时，填制的凭证是（　　）。

A. 收款凭证　　　B. 付款凭证　　　C. 转账凭证　　　D. 通用凭证

答案：1. C　2. C

第 4 章

登记账簿：会计核算工作的重要一环

登记账簿是会计核算工作的重要一环，如果账簿出现错漏，后续核算和财务报表的编制工作都将受到严重影响。因此，会计人员在登记账簿和对账、结账时要严格遵守相关规定，当账簿中出现错误时，不可随意涂改，应按要求更正。

♻ 4.1　认识会计账簿

　　小吴是一名刚刚入职的会计人员。她所在的公司规模大、业务量多，会计部门的工作也因此十分繁忙。面对名目繁多的各类会计凭证，小吴感到头疼。怎样才能将这些凭证准确无误地登记入账呢？如果在登记账簿时出错了，又该怎么办呢？

　　如果你也有和小吴一样的疑惑，不妨仔细阅读本章内容，学习会计账簿的登记方法。在此之前，你应该先认识和了解会计账簿。

4.1.1　什么是会计账簿

　　会计账簿是指由具有一定格式、相互联系的账页组成，并以会计凭证为依据，用来序时、分类地记录和反映各项经济业务的簿籍。现金日记账是最常见的会计账簿之一，如图 4-1 所示。

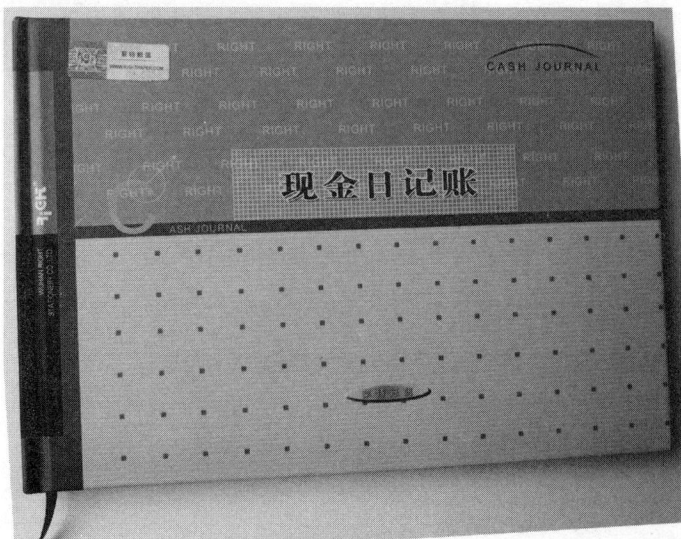

图 4-1　现金日记账

根据会计凭证，按照一定程序在账簿中连续、系统地记录经济业务，反映企业经济活动过程及结果的工作，叫作记账，也称为登记账簿。《会计法》规定，各个企业和单位都要按照国家统一会计制度的规定和会计业务的需要设置会计账簿。

会计
小课堂

> 账户与账簿的关系：
>
> 　账簿与账户的关系是形式和内容的关系。账户存在于账簿之中，账簿中的账页是账户的存在形式和载体，没有账簿，账户就无法存在。
>
> 　账簿序时、分类地记载经济业务是在个别账户中完成的，因此，账簿只是一个外在形式，账户才是它的真实内容。

会计凭证对经济业务的反映是零散而片面的，而会计账簿能将会计凭证上所记录的经济业务信息归类，对经济业务进行更加连续、系统、全面的反映。会计账簿也是编制财务报表的基础。在会计核算中，设置和登记账簿的重要意义有以下三点：

- 系统地归集和积累会计核算资料；
- 为编制财务报表提供主要依据；
- 为会计分析和会计检查提供直接依据。

图 4-1 是会计工作中最常见的现金日记账，除了这本账簿，会计人员在日常工作中要用到的账簿还有很多。下面，我们来了解一下会计账簿的分类。

4.1.2　会计账簿的分类

会计账簿种类繁多，为了更好地区别和运用它们，我们可以按用途不同、账页格式不同和外形特征不同对会计账簿进行分类。会计账簿的分类如图 4-2 所示。

会 计 账 簿								
按用途不同分类			按外形特征不同分类			按账页格式不同分类		
日记账簿	分类账簿	备查账簿	订本式账簿	活页式账簿	卡片式账簿	三栏式账簿	多栏式账簿	数量金额式账簿

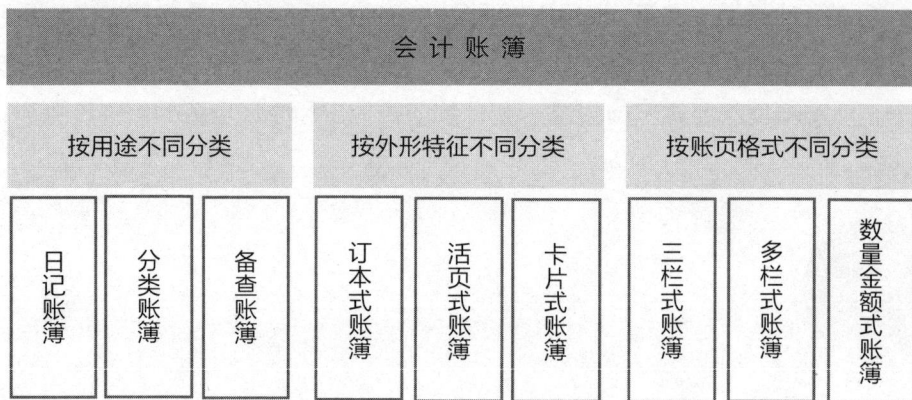

图 4-2　会计账簿的分类

1. 按用途不同分类

按用途不同，会计账簿可以分为日记账簿、分类账簿和备查账簿。

（1）日记账簿

日记账簿是按照经济业务发生时间的先后顺序，逐日逐笔进行连续登记的账簿，又称序时账簿。按记录的经济业务内容不同，日记账簿又可以分为普通日记账和特种日记账。

普通日记账是用来记录会计主体全部经济业务的发生及完成情况的账簿。特种日记账是用来记录某一类经济业务的发生及完成情况的账簿。在会计实务中，企业一般只设置"库存现金日记账"和"银行存款日记账"两个特种日记账，以便及时、系统、全面地反映库存现金、银行存款等资金的增减变动情况，同时方便随时对账、查账。

（2）分类账簿

分类账簿是按照账户（会计科目）进行分类登记经济业务的账簿。分类账簿是编制财务报表的主要依据，也是会计账簿体系的主干。按反映经济业务内容的详略程度不同，分类账簿又可以分为总分类账和明细分类账。

总分类账简称总账，是指根据总分类科目（一级会计科目）设置的账簿，按一级会计科目所规定的核算内容进行核算。总分类账可以提供以货币计量的、总括反映经济业务内容的核算资料。

明细分类账简称明细账，是根据总分类账所属明细科目（二级会计科目）

设置的账簿，按明细科目所规定的核算内容进行核算。明细分类账主要利用货币计量，个别明细分类账也可以同时使用实物等指标进行详细的核算。明细分类账是对总分类账的补充和说明。

（3）备查账簿

备查账簿是对某些在日记账簿和分类账簿中未能记载的经济业务事项进行补充登记的账簿，又称辅助账簿。租入固定资产登记簿、应收票据登记簿、应付票据登记簿、受托加工物资登记簿、代销商品登记簿等都是备查账簿。

备查账簿可以提供很多有用的参考资料和信息，但是它一般没有固定格式，也不是必须设置和登记的账簿，会计人员可以根据需要来进行设置和设计。

2. 按外形特征不同分类

按外形特征不同，会计账簿可分为订本式账簿、活页式账簿和卡片式账簿。

（1）订本式账簿

订本式账簿又称订本账，是在启用前将已编好序号的若干账页固定装订成册的账簿。这种账簿可以有效防止账页散失和非法抽换账页，有利于账簿的完整和安全。但它有一个缺点，就是不便于分工记账和增减账页。订本式账簿主要适用于库存现金日记账、银行存款日记账和总分类账。

（2）活页式账簿

活页式账簿又称活页账，是在账簿登记完毕之前并不固定装订在一起，而是把账页装订在账夹内，可以随时取放的账簿。在活页式账簿登记完毕之后（通常是一个会计年度结束之后），再将账页装订，加具封面，并给各账页连续编号。活页式账簿适用于明细分类账。

（3）卡片式账簿

卡片式账簿又称卡片账，是由具有一定格式的硬纸卡片组成，存放在卡片箱或卡片夹中可以随时取放的账簿。所有卡片都应连续编号。其实，卡片账也是一种活页账，只不过它不是装在活页账夹中，而是装在卡片箱内。卡片式账簿一般适用于固定资产明细账（卡）和低值易耗品明细账。

3. 按账页格式不同分类

按账页格式不同，账簿可分为三栏式账簿、多栏式账簿和数量金额式账簿。

（1）三栏式账簿

三栏式账簿是设有借方、贷方和余额三个金额栏目的账簿，各种日记账、总分类账，以及登记资本、债权、债务的明细账均采用三栏式账簿。

（2）多栏式账簿

多栏式账簿是在借方或贷方分别设专栏，登记有关经济业务明细情况的账簿。收入、费用明细账一般采用多栏式账簿，可以在一张账页上集中反映收入和费用的明细情况。

（3）数量金额式账簿

数量金额式账簿是分别在借方、贷方和余额三栏下，进一步分设数量、单价和金额三栏，以反映财产物资的实物数量和价值量的账簿。这类账簿适用于既要进行金额核算，又要进行实物核算的各种财产物资类账簿，如原材料明细账、库存商品明细账等。

4.1.3 会计账簿的基本要素

会计账簿的形式和格式虽然多样，但是它的基本要素是固定的，任何会计账簿都应该具备封面、扉页、账页这三大基本要素。会计账簿的基本要素如表 4-1 所示。

表 4-1 会计账簿的基本要素

会计账簿的基本要素	备注
封面	封面主要标明账簿的名称、记账单位和会计年度，如总分类账、库存现金日记账、应收账款明细账等
扉页	扉页应填列"账簿启用及经管人员一览表"和"账户目录"
账页	账页是会计账簿的主要内容。账页因反映经济业务的不同，有不同的格式，但基本内容一般包括：①账户名称；②日期栏；③凭证种类和号数；④摘要栏；⑤金额栏；⑥总页次、分户页次栏等

会计账簿封面的样式如图 4-3 所示。

单 位 名 称				
账 簿 册 数	本年共	册	本册是第	册
账 簿 页 数	本册自	页至	页共	页
会 计 年 度	自	年 月 日至	年 月	日
单位负责人		财务负责人		

图 4-3 会计账簿封面的样式

4.1.4 启用会计账簿

为了保证会计账簿的安全合规、账簿资料的完整，并明确记账责任，会计账簿应由专人负责。在启用会计账簿时应该做好登记，并在账簿封面上写明单位名称和账簿名称，在账簿扉页上附"账簿启用及经管人员一览表"。当记账人员更换、需要移交账簿时，应在会计主管的监督下办理好交接手续，并在"账簿启用及经管人员一览表"和其他相关交接记录中登记，并由交接双方和会计主管签章。账簿启用及经管人员一览表的样式如表 4-2 所示。

表 4-2 账簿启用及经管人员一览表的样式

账簿启用及经管人员一览表										
账簿名称：＿＿＿＿＿＿＿					单位名称：＿＿＿＿＿＿＿					
账簿编号：＿＿＿＿＿＿＿					账簿册数：＿＿＿＿＿＿＿					
账簿页数：＿＿＿＿＿＿＿					启用日期：＿＿＿＿＿＿＿					
会计主管：＿＿＿＿＿＿＿					记账人员：＿＿＿＿＿＿＿					
移交日期			移交人		接管日期			接管人		会计主管	
年	月	日	姓名	签章	年	月	日	姓名	签章	姓名	签章

启用订本式账簿应当从第一页到最后一页按账页编号顺序依次使用，不得出现跳页、缺页现象。使用活页式账簿应当按账户顺序编号，并在到期后装订成册，然后再按实际使用的账页顺序编定页码、添加目录，标明每个账户的名称和页次。

我们从严格规范的账簿交接、保管制度中不难看出，会计账簿在会计工作中的重要性。会计账簿不仅记录和反映了企业的各项经济业务，还体现出企业会计工作的水平。想要做好账簿登记工作，会计人员不仅要掌握方法，更要有责任心。

实操笔记

【写一写】会计账簿有哪几个类别？请在下面写出来。

♻ 4.2 日记账与明细分类账的登记方法

会计账簿按用途的不同可以分为日记账簿、分类账簿和备查账簿，其中分类账簿又分为总分类账和明细分类账。会计人员几乎每天都要与日记账、总分类账和明细分类账打交道。会计账簿的登记贯穿于会计的日常工作中，只要有日常经济业务发生或完成，会计人员就要根据原始凭证填制相关记账凭证，再按规定将经济业务内容记入各类账簿。因此，日记账、总分类账和明细分类账的登记方法是会计人员必须掌握的专业知识。

本节我们将介绍日记账和明细分类账的登记方法。一般来说，库存现金日记账和银行存款日记账由出纳人员登记，这两本日记账要按经济业务发生的顺序逐日、逐笔登记。明细分类账则由会计人员逐日、逐笔或定期汇总登记。

在学习登记账簿之前，我们要先了解会计账簿的记账规则。

4.2.1 会计账簿的记账规则

首先，会计账簿的记账规则中最重要的一条，就是"以会计凭证为依据"。会计人员必须以审核无误的会计凭证为依据，将单位每天发生的各种经济业务记入相关账簿。

其次，会计人员应该做到按时登记账簿。不过，各类会计账簿的登记时间、登记间隔并没有统一规定，一般企业或单位遵循的原则是：

- 总分类账按单位采用的会计核算形式及时登记。
- 明细分类账根据原始凭证、原始凭证汇总表和记账凭证每天登记，或者定期（3天或5天）登记。
- 现金日记账和银行存款日记账，应当根据办理完毕的收付款凭证，随时逐笔按顺序进行登记，最少每天一次。

会计账簿的记账规则如图4-4所示。

以会计凭证为依据　　　　按时登记

会计账簿的记账
规则

规范、清晰、准确

图 4-4　会计账簿的记账规则

　　最后，会计人员登记账簿时要做到规范、清晰、准确。登记账簿的基本要求和书写规范如表 4-3 所示。

表 4-3　登记账簿的基本要求和书写规范

登记账簿的基本要求和书写规范	说明
登记内容完整、手续完备	将会计凭证日期、编号、业务内容摘要、金额和其他有关资料逐项记入账簿内，记账人员要在记账凭证上签名或盖章。 登记完成后，在记账凭证的"过账"或"账页"栏内注明账簿页数或画"√"等符号，表示已经记账完毕，避免重记、漏记
按顺序登记	账簿要按账页顺序连续登记，不得跳行、隔页。如不慎出现跳行、隔页等失误，应将空行、空页划线注销，或者注明"此行空白"或"此页空白"，并由记账人员签名或盖章
用蓝黑墨水或碳素墨水书写	为了保证会计账簿长久保存和不易篡改，登记账簿必须使用蓝黑墨水或碳素墨水的钢笔书写，不得使用圆珠笔（银行复写账簿除外）和铅笔。在实际工作中，会计人员普遍使用黑色签字笔
特殊情况下可用红色墨水记账	会计中的红字表示负数，非特殊情况，不得用红色墨水登记账簿。在下列情况中，可以使用红色墨水登记账簿： ①按照红字冲账的记账凭证，冲销错误记录； ②在不设借或贷等栏的多栏式账页中，登记减少数； ③在三栏式账户的余额栏前，如未印明余额方向的，在余额栏内登记负数余额； ④国家统一会计制度的规定可以用红字登记的其他会计记录
书写清晰、端正、整洁	记账要保持清晰、整洁，记账文字和数字要端正、清楚、规范。为了留下改错的空间，账簿中的阿拉伯数字一般应占账簿格的二分之一

登记账簿的基本要求和书写规范	说明
定期结出余额	凡需结出余额的账户，都应该定期结出余额，库存现金日记账和银行存款日记账必须每天结出余额。结出余额后，应在"借或贷"栏内写明"借"或"贷"的字样。没有余额的账户，应在该栏内写"平"字，并在余额栏"元"位上用"0"表示
账页结转下页时，结出本页合计数和余额	会计人员每登记满一张账页，准备转下页时，应结出本页合计数和余额，写在本页最后一行（摘要栏内注明"过次页"）和下页第一行（摘要栏内注明"承前页"）的相应栏内。这样做的目的是保持账簿记录的连续性，便于对账和结账

会计
小课堂

随着会计电算化的发展，各类会计软件在日常会计工作中得到了广泛的运用。在这样的大环境下，手工记账还有存在的必要吗？

答案当然是肯定的。手工记账方法是会计人员必须掌握的技能，想要透彻地理解和掌握会计知识，就要学会手工记账方法。

由于一些缺陷，会计电算化目前还不能完全取代手工记账。比如，有的会计电算化软件缺乏加密措施和日志功能，可能发生篡改信息和泄密的情况。另外，由于很多企业没有严格的内部控制制度，导致会计电算化不能安全、健康地在企业中实施。

4.2.2　日记账的格式与登记方法

了解了登记账簿的规则和要求，准备好各项审核无误的会计凭证后，就可以正式开始登记账簿了。下面，让我们来看看登记方法相对比较简单的日记账。

前文介绍过，按记录的经济业务内容不同，日记账可以分为普通日记账和特种日记账。由于我国很少使用普通日记账，所以我们在这里只介绍特种日记账的登记方法。一般来说，企业只设置库存现金日记账和银行存款日记账两种特种日记账。这两种日记账由出纳人员登记，因此，也被称为出纳账。

1. 库存现金日记账的格式与登记方法

库存现金日记账的作用是核算和监督库存现金每日收入、支出和结存情况，有外币业务的企业应分别设置人民币和外币日记账。

（1）库存现金日记账的格式

库存现金日记账的格式有三栏式和多栏式两种，这两种格式的账簿都必须使用订本式账簿。三栏式库存现金日记账和多栏式库存现金日记账的样式如图4-5、图4-6所示。

库存现金日记账

年		凭证		摘　要	对方科目	借　方										贷　方										借或贷	余　额									
月	日	种类	号数			千	百	十	万	千	百	十	元	角	分	√	千	百	十	万	千	百	十	元	角	分	√		千	百	十	万	千	百	十	元	角	分	√

图 4-5　三栏式库存现金日记账的样式

库存现金日记账

年		凭证		摘　要	借　方　科　目				
月	日	种类	号数						支出合计

库存现金日记账

年		凭证		摘　要	贷　方　科　目				
月	日	种类	号数						支出合计

图 4-6　多栏式库存现金日记账的样式

（2）库存现金日记账的登记方法

库存现金日记账应根据审核无误的会计凭证，按业务发生的时间先后顺序逐日、逐笔登记。当日经济业务登记完成后，还要根据"本日余额＝上日余额＋本日收入－本日支出"的公式计算出库存现金余额，检查每日现金收付是否有误。

三栏式库存现金日记账的具体登记方法如图 4-7 所示。

日期栏	库存现金实际收付日期应与记账凭证的日期一致。
凭证栏	登记入账的收、付款凭证的种类和编号。
摘要栏	应以简练的文字清楚地说明。一般与收、付款凭证上的内容相同。
对方科目	反映库存现金收付的来龙去脉，如以现金支付职工工资，对方科目为"应付职工薪酬"。
借方、贷方栏	每日终了，应分别结算现金收入（借）和现金支出（贷）的合计数，结出余额，同时将余额与出纳的库存现金相互核对。

图 4-7　三栏式库存现金日记账的具体登记方法

多栏式库存现金日记账的登记方法：

第一步，根据相关会计凭证登记库存现金收入日记账；

第二步，根据相关会计凭证登记库存现金支出日记账；

第三步，每日营业完毕后，将库存现金支出日记账结算的支出合计数，一并转入库存现金收入日记账的"支出合计"栏中，并结出当日余额。

2. 银行存款日记账的格式与登记方法

银行存款日记账是用来核算和监督银行存款每日的收入、支出和结存情况的账簿，一般按企业在银行开立的账户和币种分别设置，每个银行账户都要设置一本日记账。

（1）银行存款日记账的格式

银行存款日记账的格式与三栏式库存现金日记账的格式类似，也必须采用订本式账簿。银行存款日记账的样式如图 4-8 所示。

银行存款日记账

年		凭证		支票种类及号数		摘　要	对方科目	收　入	支　出	余　额
月	日	种类	号数	种类	号数					

图 4-8　银行存款日记账的样式

（2）银行存款日记账的登记方法

银行存款日记账通常由出纳人员按业务发生的时间先后顺序逐日、逐笔登记，登记的依据是审核后的与银行存款有关的收、付款凭证。每天营业结束后，出纳人员应分别计算当日银行存款收入、支出的合计数及账面余额，计算公式为"本日余额 = 上日余额 + 本日收入 − 本日支出"。

银行存款日记账中的"支票种类及号数"栏应填写以支票付款结算的支票种类及号数，方便与开户银行对账。其他栏目的登记方法与库存现金日记账的登记方法相同，参照上文中的登记方法即可。

4.2.3　明细分类账的格式与登记方法

明细分类账是根据二级账户或明细账户开设的，用来分类、连续地登记经济业务，以提供具体、详细核算资料的账簿。

为了实现业务管理和经济业务分析的精细化，一般企业要设置的明细账户有很多。由于明细账户的不同，明细分类账的格式和登记方法也存在很大差异。

1.明细分类账的格式

明细分类账的格式有四种，分别为三栏式、多栏式、横线登记式和数量金额式。

（1）三栏式明细分类账

相信通过阅读前面的内容，大家已经对"三栏式"非常熟悉了。所谓"三栏"，就是借方（收入）栏、贷方（支出）栏和余额栏。与库存现金日记账类似，三栏式明细分类账只适用于进行金额核算的明细分类账户，如应收账款明细账、预收账款明细账等。应收账款明细账的样式如图4-9所示。

应收账款明细账

明细科目名称：

年		凭证		摘　要	借　方										贷　方									借或贷	余　额									
月	日	种类	号数		千	百	十	万	千	百	十	元	角	分	√	千	百	十	万	千	百	十	元	角	分	√		千	百	十	万	千	百	十	元	角	分	√

图4-9　应收账款明细账的样式

（2）多栏式明细分类账

多栏式明细分类账就是将属于同一个总账科目的各个明细科目合并在一张账页上进行登记的账簿。这种格式的明细分类账一般适用于成本、费用、利润等明细账户，如生产成本、制造费用、管理费用、财务费用、销售费用等。生产成本明细账的样式（借方）如图4-10所示。

生产成本明细账

产品名称：

年		凭证		摘　要	借　方（项　目）			余　额
月	日	种类	号数		直接材料	直接人工	制造费用	

图4-10　生产成本明细账的样式（借方）

（3）横线登记式明细分类账

横线登记式明细分类账又称平行式明细分类账，这种登记格式可以在账页的同一行内记录某项经济业务从发生到结束的全部事项，如果在同一行内借、贷方均有记录，就表示该业务已处理完毕。其他应收款——备用金明细账是典型的横线登记式明细分类账，其样式如图 4-11 所示。

其他应收款——备用金明细账

明细科目名称：

年		凭证字号	摘　要	借　方			年		凭证字号	摘　要	贷　方			余　额
月	日			原借	补付	合计	月	日			原借	补付	合计	

图 4-11　其他应收款——备用金明细账的样式

（4）数量金额式明细分类账

数量金额式明细分类账以"收入""支出""结余"三栏为基本框架，再在每栏下分别设置"数量""单价""金额"栏目。这种格式的账簿可以分别登记实物的数量和金额，适合既要反映金额又要反映数量的财产物资，如原材料、库存商品等明细分类账。库存商品明细账是典型的数量金额式明细分类账，其样式如图 4-12 所示。

库存商品明细账

商品类别：　　　　　　　　　　　　　　　　　　　　　　　　　　　　　　　　计量单位：
商品名称及规格：　　　　　　　　　　　　　　　　　　　　　　　　　　　　　存放地点：

年		凭证		摘　要	收　入			支　出			结　余		
月	日	种类	号数		数量	单位	金额	数量	单位	金额	数量	单位	金额

图 4-12　库存商品明细账的样式

2.明细分类账的登记方法

明细分类账的格式虽然各有不同,但是登记方法与三栏式日记账大同小异。无论哪种明细分类账，都要根据会计凭证逐日、逐笔登记或者定期汇总登记。

- 固定资产、债权、债务等明细账应逐日、逐笔登记；

- 库存商品、原材料等收发明细账以及收入、费用明细账，既可以逐日、逐笔登记，也可以定期汇总登记。

另外，登记多栏式明细分类账时应注意"借"和"贷"的问题。对于只设有借方的明细分类账（如生产成本、管理费用等），如果有贷方发生额，应用红字在相应借方栏中登记表示"冲减"。月末结转时，仍用红字在借方登记转出的金额。

对于只设有贷方的多栏式明细分类账（如主营业务收入、其他业务收入等），如果有借方发生额，应用红字在相应贷方栏中登记表示"冲减"。月末结转时，仍用红字在贷方登记转出的金额。

会计人员要特别注意的是，登记账簿后，应第一时间在记账凭证的账页栏打"√"或其他记账符号，避免发生漏记或重记。

以上就是日记账和明细分类账的登记方法，下一节我们将介绍总分类账的登记方法。

实操笔记

【多选题】

1. 关于库存现金日记账、银行存款日记账，下列说法中正确的是（　　）。

A. 由会计负责登记

B. 按业务发生的时间先后顺序逐日、逐笔登记

C. 每日结出余额

D. 根据审核无误的会计凭证登记

2. 下列明细分类账中，账簿需采用多栏式格式的有（　　）。

A. 销售费用　　　B. 生产成本　　　C. 财务费用　　　D. 应收账款

答案：1. BCD　2. ABC

♻ 4.3　总分类账的登记方法

在会计实务中，总分类账的登记方法取决于账务处理程序。各个企业会根据自身的实际情况来设置账务处理程序，因此，我们在学习总分类账的登记方法之前，应该先简单了解一下账务处理程序。

4.3.1　账务处理程序

账务处理程序即会计核算程序，就是我们处理会计凭证、登记账簿、编制报表的过程。具体来说，账务处理程序包括了从取得原始凭证到编制记账凭证、登记明细分类账和总分类账、编制财务会计报告等一系列工作程序和方法。

账务处理程序由两个板块组成，一个板块是凭证、账簿和报表组织体系，另一个板块是记账步骤。账务处理程序的两个板块如表4-4所示。

表 4-4　账务处理程序的两个板块

凭证、账簿和报表组织体系	凭证组织	会计凭证的种类、格式及各种凭证之间的关系
	账簿组织（核心）	账簿的种类、格式及各种账簿之间的关系
	报表组织	报表的种类、格式及各种报表之间的关系
记账步骤	会计凭证的取得、填制到账簿的登记，再到财务报表的编制整个过程的具体步骤	

在会计实务中，不同的账簿组织、记账程序和记账方法及其不同的结合方式，形成了各种不同的账务处理程序。我国常用的账务处理程序有以下三种：

- 记账凭证账务处理程序；
- 汇总记账凭证账务处理程序；
- 科目汇总表账务处理程序。

这三种账务处理程序的凭证、账簿和报表组织体系类似，会计核算的一般步骤也是相同的。三者的主要区别在于登记总分类账的依据不同。下面，我们来看看这三种财务处理程序下总分类账的登记方法。

4.3.2 总分类账的登记方法

从前文中我们得知，总分类账的登记方法取决于账务处理程序。记账凭证账务处理程序、科目汇总表账务处理程序、汇总记账凭证账务处理程序下总分类账的登记方法如下。

1.记账凭证账务处理程序下总分类账的登记方法

记账凭证账务处理程序是指对会计主体发生的每项经济业务，根据原始凭证或原始凭证汇总表编制记账凭证，再根据记账凭证逐笔登记总分类账的一种账务处理程序。简单来说，就是"根据记账凭证登记总分类账"。

这种账务处理程序不需要按一定方式汇总，可以直接根据记账凭证逐笔登记总分类账。它是最基本的账务处理程序，其他各类账务处理程序都是在它的基础上发展和变化而来的。

记账凭证账务处理程序下总分类账的登记方法如下：

第一步，根据原始凭证编制原始凭证汇总表；

第二步，根据各种原始凭证或原始凭证汇总表编制记账凭证；

第三步，逐日、逐笔登记库存现金日记账和银行存款日记账；

第四步，根据记账凭证和原始凭证登记各种明细分类账；

第五步，根据记账凭证逐笔登记总分类账；

第六步，在会计期末，将库存现金日记账、银行存款日记账和各明细分类账的余额与总分类账的余额核对相符；

第七步，在会计期末，根据总分类账和明细分类账的账簿资料编制财务报表。

在记账凭证账务处理程序下登记总分类账的方法很简单，操作方法与前文中的三栏式日记账和三栏式明细分类账基本相同，这里就不再赘述了。

2.科目汇总表账务处理程序下总分类账的登记方法

科目汇总表账务处理程序是指根据记账凭证定期汇总、编制科目汇总表，再根据科目汇总表登记总分类账的一种账务处理程序。简单来说，就是"根据科目汇总表登记总分类账"。科目汇总表的样式如图4-13所示。

科 目 汇 总 表

期间：　　　　　　　　　　　　　　　　　　　　　　　原始单据数：

凭证编号：　　　　　　　　　　　　　　　　　　　　　作废凭证张数：

会计科目	期初余额		本期发生额		期末余额	
	借方	贷方	借方	贷方	借方	贷方
合计：						

图4-13　科目汇总表的样式

科目汇总表账务处理程序下总分类账的登记方法如下：

第一步，根据原始凭证编制原始凭证汇总表；

第二步，根据各种原始凭证或原始凭证汇总表编制记账凭证；

第三步，逐日、逐笔登记库存现金日记账和银行存款日记账；

第四步，根据记账凭证和原始凭证登记各种明细分类账；

第五步，根据各种记账凭证定期汇总编制科目汇总表；

第六步，根据科目汇总表定期登记总分类账；

第七步，在会计期末，将库存现金日记账、银行存款日记账和各明细分类账的余额与总分类账的余额核对相符；

第八步，在会计期末，根据总分类账和明细分类账的账簿资料编制财务报表。

会计
小课堂

由于在科目汇总表账务处理程序下，总分类账要根据科目汇总表登记，所以我们要先了解科目汇总表的编制方法，具体步骤如下：

第一步，将记账凭证按种类和编号顺序进行整理、排序；

第二步，填写记账凭证种类和编号、汇总期间，可10天、15天或一个月汇总一次；

第三步，将记账凭证涉及的总分类账户填入"会计科目"栏；

第四步，分别汇总每一总分类账户借方、贷方发生额，然后将汇总数额填入"借方""贷方"金额栏；

第五步，分别累计各总分类账户的借方、贷方发生额总数，核对借贷方发生额平衡后，填入本期发生额"合计"行内。

在科目汇总表账务处理程序下总分类账的登记方法与记账凭证账务处理程序下总分类账的登记方法基本相同，唯一的区别是在填写凭证字号时，应该填入科目汇总表的编号，千万不要错填成会计凭证的编号。相比之下，科目汇总表账务处理程序下总分类账的登记方法更为简便。

3.汇总记账凭证账务处理程序下总分类账的登记方法

汇总记账凭证账务处理程序是指根据记账凭证分类编制汇总收款凭证、汇总付款凭证和汇总转账凭证，再根据各种汇总记账凭证登记总分类账的一种账务处理程序。简单来说，就是"根据汇总记账凭证登记总分类账"。汇总转账凭证的样式如图4-14所示。

汇总转账凭证

借方科目	金　　额				总账页数	
	01日至10日转账凭证共　张	11日至20日转账凭证共　张	21日至31日转账凭证共　张	合　计	借方	贷方
合　计						

贷方科目：　　　　　　　　　　　　　年　月　　　　　　　　汇转　　　号

会计主管：　　　　　　记账：　　　　　　审核：　　　　　　制单：

图 4-14　汇总转账凭证的样式

汇总记账凭证账务处理程序下总分类账的登记方法如下：

第一步：根据原始凭证编制原始凭证汇总表；

第二步：根据各种原始凭证或原始凭证汇总表编制记账凭证；

第三步：逐日、逐笔登记库存现金日记账和银行存款日记账；

第四步：根据记账凭证和原始凭证登记各种明细分类账；

第五步：根据各种记账凭证定期汇总编制汇总记账凭证；

第六步：根据汇总记账凭证定期登记总分类账；

第七步：在会计期末，将库存现金日记账、银行存款日记账和各明细分类账的余额与总分类账的余额核对相符；

第八步：在会计期末，根据总分类账和明细分类账的账簿资料编制财务报表。

由于在汇总记账凭证账务处理程序下，总分类账要根据汇总记账凭证登记，所以我们要先认识一下汇总收款凭证、汇总付款凭证和汇总转账凭证。

（1）汇总收款凭证

汇总收款凭证是指"库存现金"和"银行存款"账户的借方分别设置的一种汇总记账凭证。它汇总了一定时期内库存现金和银行存款的收款业务。

我们在编制汇总收款凭证时，可以将一定时期内（5 天、10 天或 15 天）全部库存现金和银行存款收款凭证，分别按其对应贷方科目进行归类，计算出每一贷方科目发生额合计数，填入汇总收款凭证中。每月末计算出合计数，然后登记在总分类账中。

（2）汇总付款凭证

汇总付款凭证是指按"库存现金"和"银行存款"账户的贷方分别设置的一种汇总记账凭证。它汇总了一定时期内库存现金和银行存款的付款业务。

我们在编制汇总付款凭证时，可以将一定时期内（5天、10天或15天）全部库存现金和银行存款付款凭证，分别按其对应借方科目进行归类，计算出每一借方科目发生额合计数，填入汇总付款凭证中。每月末计算出合计数，然后登记在总分类账中。

（3）汇总转账凭证

汇总转账凭证是指按每一贷方科目分别设置，用来汇总一定时期内转账业务的一种汇总记账凭证。

我们在编制汇总转账凭证时，可以将一定时期内全部转账凭证按照每一账户的贷方设置并按其对应的借方科目进行归类，计算出每一借方科目发生额合计数，填入汇总转账凭证中。在实际工作中，编制汇总转账凭证的工作难度较大，如果企业的转账凭证较少，会计人员可以不对转账凭证进行汇总，直接依据转账凭证登记总分类账。

汇总记账凭证账务处理程序下总分类账的登记方法与记账凭证账务处理程序下总分类账的登记方法基本相同，但在填写凭证字号时，应该填入汇总记账凭证的编号。

以上就是总分类账的登记方法。其实，三种账务处理程序下总分类账的登记方法是基本相同的，只是登记账簿的依据不同而已。因此，要做好总分类账的登记，我们就要处理好记账凭证、科目汇总表和汇总记账凭证。

实操笔记

【多选题】下列登记总分类账的方法中，正确的是（　　）。

A. 根据记账凭证逐笔登记总分类账

B. 根据原始凭证和汇总记账凭证登记总分类账

C. 根据明细分类账登记总分类账

D. 根据科目汇总表登记总分类账

答案：AD

♻ 4.4 会计账簿的对账方法

老张是一家公司的会计主管，作为一名从业十几年的资深会计，他时常叮嘱刚刚走上会计岗位的新手："对账很重要。"事实上，对账是会计日常工作中的重要环节，老张之所以反复强调其重要性，就是因为很多新手会计经验不足，在核算时容易出错，只有反复审核、反复对账，才能找出错误，避免造成不必要的损失。

对账就是定期将各类账簿记录进行核对。会计人员不仅要在日常工作中经常核对有关账目，还要在各个会计期末结账前，进行更大范围的对账。那么，对账工作的主要内容有哪些？会计人员应该如何对账呢？

一般来说，对账的内容包括账证核对、账账核对、账实核对和账表核对，四项内容缺一不可。下面，我们来看看具体的对账方法。

4.4.1 账证核对

账证核对就是将账簿记录与会计凭证进行核对，看它们的时间、凭证字号、内容、金额是否一致，记账方向是否与凭证相符。

账证核对一般是在日常编制凭证和记账过程中进行的，可以记一笔对一笔。只有做到及时核对账证，才能保证记账的准确性。在月末进行账账核对时，如果发现账账不符，也可以通过账证核对来找出错误。

4.4.2 账账核对

账账核对是指各种账簿之间进行的核对，主要包括总分类账之间的核对、总分类账与其所属明细分类账之间的核对、总分类账与日记账的核对、各部门明细分类账的核对。

1. 总分类账之间的核对

总分类账之间的核对一般通过编制"试算平衡表"来进行，前文中已经介绍过试算平衡的内容，这里只简单回顾一下试算平衡公式：

全部账户本期借方发生额合计 = 全部账户本期贷方发生额合计

全部账户的借方期初余额合计 = 全部账户的贷方期初余额合计

全部账户的借方期末余额合计 = 全部账户的贷方期末余额合计

根据以上公式，我们只需检查总分类账户本期借方发生额合计与贷方发生额合计是否相等，期末所有账户借方余额合计与贷方余额合计是否相等。

2. 总分类账与其所属明细分类账之间的核对

总分类账与其所属明细分类账之间的核对，是通过对照总分类账与明细分类账进行的。我们需要检查总分类账户本期借、贷方发生额及期末余额和所属明细账户本期借、贷方发生额及期末余额之和是否相符，即：

总分类账户本期借、贷方发生额及期末余额 = 所属明细账户本期借、贷方发生额及期末余额之和

3. 总分类账与库存现金日记账、银行存款日记账的核对

总分类账与库存现金日记账、银行存款日记账的核对，主要核对库存现金日记账、银行存款日记账本期发生额及期末余额与总分类账是否相符。

4. 各部门明细分类账的核对

各部门明细账的核对，主要用于清查企业的财产和物资。会计人员应将财务部门登记的各类财产物资明细分类账和财产物资的保管部门、使用部门的有关明细账进行核对，检查各部门的期末财产物资结存数是否相等。

会计
小课堂

在会计电算化中，系统会提供自动对账功能，即系统根据用户设置的对账条件进行逐笔检查，对达到对账标准的记录进行勾对，未勾对的即为未达到对账标准的账项。用户可以根据需要自定义选择对账条件，除"发生金额相同"外，其余条件均可自行选择。比如，某企业会计电算化系统中的对账条件为：业务发生日期、结算式、结算票号、发生金额相同。

虽然会计电算化环境中的对账十分方便快捷，但是会计人员依然要掌握手工对账的方法和对账的原理。

4.4.3 账实核对

核对完了账面上的数字，还要进行账实核对，即将各项财产物资、债权债务等账面余额与实有数额进行核对。账实核对包括对存货、固定资产、货币资金、债权债务等内容的核对。账实核对的主要内容如图 4-15 所示。

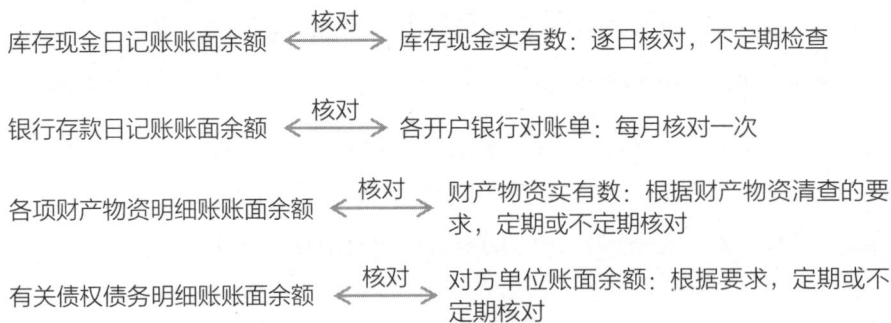

库存现金日记账账面余额 ←——核对——→ 库存现金实有数：逐日核对，不定期检查

银行存款日记账账面余额 ←——核对——→ 各开户银行对账单：每月核对一次

各项财产物资明细账账面余额 ←——核对——→ 财产物资实有数：根据财产物资清查的要求，定期或不定期核对

有关债权债务明细账账面余额 ←——核对——→ 对方单位账面余额：根据要求，定期或不定期核对

图 4-15 账实核对的主要内容

4.4.4 账表核对

为了防止财务舞弊，账表核对必不可少。不过，账表核对属于审计工作的范畴，是指将财务报表各项目的数据与有关的账簿相核对，以判断报表各项目的数据是否存在差错，报表是否如实地反映了企业的财务状况、经营成果和现

金流量。

比如，某会计人员在编制财务报表时，抄错了会计账簿上的数字。这种情况如果出现在资产负债表上，会造成资产与负债和所有者权益的总额不相等，编表人员和审计人员很容易发现错误。但是，如果这样的情况出现在利润表中，虽然会导致利润额的虚增、虚减，却不会出现金额不平衡的情况，编表人员和审计人员不容易发现错误。很多公司就是抓住了这个漏洞，在报表中多报或少报利润额。它们常用的舞弊手段就是在编制利润表时，多写或少写数字。对于这类问题，只有进行账表核对才能发现。

账表核对可以发现或查证账表不符、虽相符却不合理、不合法的会计错弊，对于打击财务舞弊、减少错误、加强内部控制具有十分积极的意义。一般来说，账表核对的内容包括以下三点：

- 核对财务报表中某些数字是否与有关总分类账的期末余额相符；
- 核对财务报表中某些数字是否与有关明细分类账的期末余额相符；
- 核对财务报表中某些数字是否与有关明细分类账的发生额相符。

进行账表核对的人员必须熟识账、表项目之间的勾稽关系[1]。比如，"现金""银行存款""其他货币资金"账户余额与资产负债表中"货币资金"项目有对应关系。如果不了解账、表项目之间的勾稽关系，是无法在对账、查账中发现问题的。

对账、查账是会计人员应该掌握并熟练运用的技能，如果你想成为"金牌会计"，就要练就一双"火眼金睛"，做到"经手账目无差错，审核账目无错弊"。

实操笔记

【写一写】账账核对的基本内容有哪些？应该怎样核对？请在下面写出来。

_____

_____

_____

---

[1] 勾稽关系指账簿和财务报表中有关数字之间存在的，可据以相互查考、核对的关系。例如，每个总分类账户的期末余额与其所属各二级账户或明细分类账户的期末余额之和，存在着相互一致、可以核对的关系。又如，产品销售明细表的销售收入、销售税金、销售成本、销售费用、技术转让费、销售利润的合计数和利润表的同一项目的金额也存在着相互核对的关系。利用勾稽关系有助于减少差错，保证会计账簿、财务报表的准确性。

♻ 4.5　会计账簿的错账处理方法

小张是一位会计初学者，在登记账簿的时候，常因为各种各样的原因出错。会计账簿是不得随意涂改的，那么出现错误后应该如何更正呢?

我们首先要明确的是，账簿中的错误必须按照规范要求进行错账更正，不能随意涂改、刮擦、挖补和撕毁。在会计工作中，错账更正是一项必须掌握的技能。下面，我们来看看错账的排查方法和更正方法。

4.5.1　六种排查错误的方法

常用的错账查找方法有全面检查和局部抽查。进行全面检查时，我们可以运用顺查法和逆查法;进行局部抽查时，我们可以运用除 2 法、除 9 法、差数法和尾数法。

1. 全面检查

全面检查就是对一定时期内的账目进行逐笔核对，核对方法有顺查法和逆查法。

（1）顺查法

顺查法是指核对账目的顺序与记账程序的方向相同，具体来说，就是按记账的顺序，从原始凭证开始核查，再到记账凭证和账簿。顺查法可以全面检查账簿记录的正确性，但是其工作量非常大，只适用于错账较多，并且难以确定核查范围、核查方向的情况。

（2）逆查法

顾名思义，逆查法就是与记账顺序相反，从错账的位置开始，逆向查找错误原因的方法。这种方法可以有效减轻工作量，在实际工作中运用得较多。

2. 局部抽查

局部抽查是仅针对错误数字抽查账目的核查方法。我们在对错账进行局部抽查时，可以运用除 2 法、除 9 法、差数法、尾数法四种方法。

（1）除 2 法

除 2 法就是将差异数除以 2，这种方法可以用于查找因数字记反方向而发生的错误。比如，小张将应记入"短期借款"账户借方的 8 000 元误记入贷方，导致期末所有账户借方余额合计比所有账户贷方余额合计少 16 000 元，此时，将差异数 16 000 除以 2，得到的 8 000 即为记反方向的数字。

（2）除 9 法

除 9 法就是将差异数除以 9，这种方法适用于以下三种情况：

- 数字颠倒，如将 2 345 元误记为 2 435 元，错误金额比正确金额多 90 元，差异金额 90 元是 9 的倍数；

- 数字写大，如将 2 000 元误记为 20 000 元，错误金额比正确金额多 18 000 元，差异金额 18 000 元是 9 的倍数；

- 数字写小：如将 3 000 元误记为 300 元，错误金额比正确金额少 2 700 元，差异金额 2 700 元是 9 的倍数。

（3）差数法

差数法是按照错账的差异数查找错误的方法，主要用于查明账目是否存在重记或漏记的现象。比如，小张在记账过程中漏记了借方或贷方，导致试算不平衡，其产生的差额可以与相关金额的账簿记录进行核对，以便找出错误。

（4）尾数法

尾数法是指查找末位数差异金额的末尾，以提高查错效率的方法。它适合于借贷方金额其他位数一致，只有末位数出现差错的情况。比如，小张在试算平衡时，发现借方的合计比贷方多 0.34 元，可查找是否有尾数为 0.34 元的业务存在错误。

以上就是排查错误的方法。那么，找到错误之处后，我们应该如何在账簿上进行更正呢？

4.5.2　三种错账更正的方法

错账更正的方法主要有划线更正法、红字更正法和补充登记法三种，分别适用于不同的情况。

1. 划线更正法

适用情况：凭证正确，但登记账簿时有错误。

操作方法：

（1）将错误的文字或数字用一条单红线划去表示"注销"；

（2）在划线内容上方用蓝字写上正确的文字、数字；

（3）在划线处加盖更正人印章，以明确责任。

注意事项：

（1）不要在原有错误字迹上涂改，划红线后原有字迹要仍能辨认；

（2）采用该方法划掉错误数字时，应将整笔数字划掉，不能只划局部错误数字。

会计
小课堂

　　本节介绍的错账更正方法主要适用于手工记账。在会计电算化条件下，划线更正法并不适用。但是，红字更正法（红字冲销法）和补充登记法依然是更正错账的主要方法。由于它们是留有痕迹的错账更正法，可以为审计留下线索，所以这两种错账更正方法如今依然受到业界的重视。

2. 红字更正法

适用情况：记账凭证应借、应贷科目错误，记账凭证所填金额大于应记金额。

操作方法：

（1）记账凭证应借、应贷科目错误。根据错误内容，用红字填制一张错误的记账凭证，并用红字登记入账，在"摘要"栏中写明"冲销某月某日第 × 号凭证错误"字样，以冲销原来的错误记录。然后，再用蓝字或黑字填制一张正确的记账凭证，在"摘要"栏中注明"更正某月某日第 × 号凭证错误"字样，并登记入账。

（2）记账凭证所填金额大于应记金额。将多记金额用红字填制一张记账凭

证，并用红字登记入账，在"摘要"栏中注明"冲销某月某日第 × 号凭证多记
金额"字样，以冲销多记金额。

3.补充登记法

适用情况：记账凭证科目无错误，但所填金额小于应记金额。

操作方法：将少记的金额用蓝字填制一张记账凭证，并用蓝字登记入账，
在"摘要"栏中注明"补充某月某日第 × 号凭证少记金额"，以补充登记少记
金额。

在核算过程中发生错账不要怕，只要按规定更正相关账目即可。不过，提
升做账的准确性、降低错误率应该是广大会计人员的首要目标。

实操笔记

【写一写】划线更正法、红字更正法和补充登记法分别适用于哪些
情况？请在下面写出来。

♻ 4.6 会计账簿的结账方法

当一个会计期间结束后，我们要将账簿上的本期发生额和期末余额转入下期，这是为了总结某一会计期间的经营活动情况，也是为了方便后续的核算。在会计工作中，这个步骤叫作结账。

结账可以分四步进行，结账的步骤如图 4-16 所示。

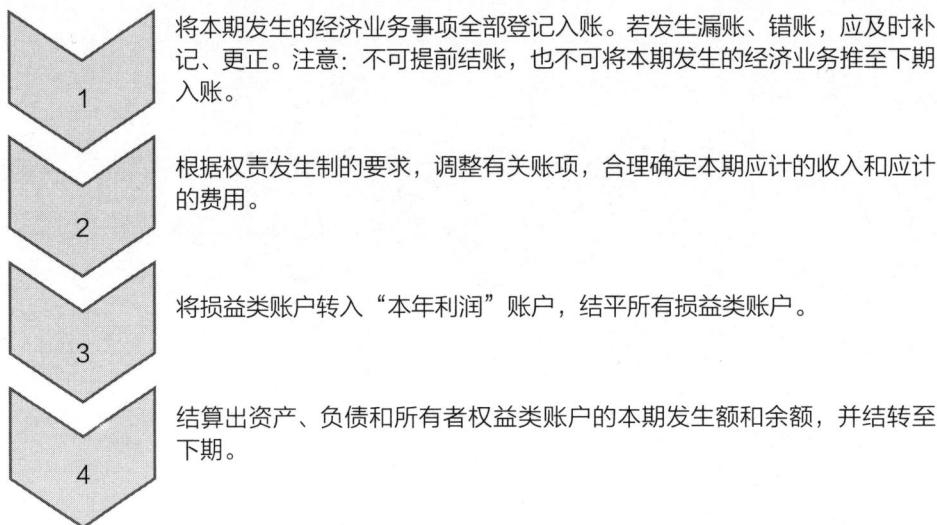

1	将本期发生的经济业务事项全部登记入账。若发生漏账、错账，应及时补记、更正。注意：不可提前结账，也不可将本期发生的经济业务推至下期入账。
2	根据权责发生制的要求，调整有关账项，合理确定本期应计的收入和应计的费用。
3	将损益类账户转入"本年利润"账户，结平所有损益类账户。
4	结算出资产、负债和所有者权益类账户的本期发生额和余额，并结转至下期。

图 4-16　结账的步骤

图 4-16 是结账的四个步骤，这些步骤是由实际的结账工作归纳而成的，体现了结账的大体流程。但是，在结账工作中还有以下六个具体的细节问题需要我们多加注意。

第一，在手工记账中，结账的方法为划线法，即期末结出各账户的本期发生额和期末余额后，加划线标记，并将期末余额结转至下期。划线法如图 4-17 所示。

| | | | 本月合计 | | | | | 1 | 3 | 4 | 0 | 0 | 0 | 0 | 0 | | | 3 | 5 | 1 | 1 | 0 | 0 | 0 | 0 | 0 | | | 1 | 2 | 7 | 0 | 0 | 0 | 0 | 0 |
| | | | 本年累计 | | | | | 4 | 5 | 6 | 3 | 0 | 0 | 0 | 0 | | | 3 | 2 | 5 | 0 | 0 | 0 | 0 | 0 | 0 | | | 5 | 4 | 3 | 3 | 0 | 0 | 0 | 0 |

图 4-17   划线法（红线应为"通栏单红线"）

第二，对于不需要按月结计本期发生额的账户，应在每次记账后随时结出余额，每月结出的最后一笔余额就是月末余额。月末结账时，在最后一笔经济业务事项记录下划"通栏单红线"即可。

第三，需要按月结计发生额的收入、费用等明细账，每月结账时，都要结出本月发生额和余额，并在下面划"通栏单红线"。

第四，需要结计本年累计发生额的某些明细账户，应在"本月合计"行下结出自年初起至本月末止的累计发生额，并登记在月份发生额下面，在摘要栏注明"本年累计"字样，并在下面划"通栏单红线"。

第五，总账账户平时结出月末余额。年终结账时，结出所有总账账户的全年发生额和年末余额，在摘要栏注明"本年合计"字样，并在合计数下划"通栏单红线"。

第六，年终结账时，对于有余额的账户，要将其余额结转至下年，在摘要栏注明"结转至下年"字样，并在下一会计年度新建会计账户的第一行余额栏内填写上年结转的余额，并在摘要栏注明"上年结转"字样。

结账是定期进行的常规工作，会计人员在结账时要做到要认真、仔细、严谨，结账后还要仔细核对。"划线法"是手工记账的结账方法，在会计电算化中已经不再使用了，但是会计人员仍然应该掌握这种方法。

实操笔记

【写一写】不需要按月结计本期发生额的账户应该怎样结账？请将操作方法写出来。

第 5 章

业务核算：做好企业内外账的关键步骤

企业的经济业务核算可以分为固定资产核算、材料采购业务核算、生产业务核算、销售业务核算、筹资业务核算、利润形成和分配核算。会计人员在进行业务核算时，应该充分了解本企业的实际情况和核算需求，只有这样才能保证核算的准确、真实。

♻ 5.1　固定资产和材料采购业务核算

X 服装有限公司成立于 2016 年，注册资金为 100 万元，主营业务是生产各类服装。该公司租赁了厂房、设备，在郊区建起了工厂。目前，这家公司有员工 80 人，发展前景良好。2020 年，为了扩大规模、增强实力，该公司吸收了两位新股东。那么 X 服装有限公司发生的一系列经济业务，应该怎样转化为会计信息，反映在账簿和报表中呢？答案是，对企业进行经济业务核算。

经济业务是指在经济活动中使会计要素发生增减变动的交易或者事项。企业在经营过程中发生的主要经济业务包括固定资产和材料采购业务、生产业务、销售业务、筹资业务及利润形成和分配业务。本章我们将为大家介绍这几大主要经济业务的会计核算方法。

在开展生产业务之前，X 服装有限公司需要根据生产计划和经营需要购置一些生产设备、办公设备等固定资产，采购一批布料、缝纫线等材料。因此，该公司财务部要对固定资产和材料采购业务开展会计核算。

5.1.1　固定资产的核算

在核算固定资产之前，我们应该先了解固定资产的概念和特征。固定资产是指为生产商品、提供劳务、出租或经营管理而持有的，使用期超过一年的房屋、建筑物、机器、机械、运输工具以及其他与生产经营有关的设备、器具、工具等资产。固定资产具有以下三个特征：

- 是一种有形资产；
- 为生产商品、提供劳务、出租或经营管理而持有；
- 使用寿命超过一个会计年度。

固定资产是企业经营过程中合理的、必要的支出，企业可以通过外购、自行建造、投资者投入、非货币性资产交换、债务重组、企业合并和融资租赁等方式获取固定资产。一般来说，固定资产的成本包括购买价款、相关税费 、运输费、装卸费、安装费和专业人员服务费等。固定资产的核算涉及固定资产折旧、固定资产的账户设置和固定资产的核算方法。

1. 固定资产折旧

固定资产折旧是指在固定资产使用寿命内,按照确定的方法对应计折旧额进行的系统分摊。应计折旧额是指应当计提折旧[1]的固定资产的原价扣除其预计净残值后的金额。已计提减值准备的固定资产,还应当扣除已计提的固定资产减值准备累计金额。会计人员在对固定资产进行计提折旧时,应该注意以下三点:

- 当月增加的固定资产当月不计提折旧,从下月起计提折旧;
- 当月减少的固定资产当月仍计提折旧,从下月起不计提折旧;
- 以前报废的固定资产不再补提折旧。

固定资产的折旧方法有很多,常用的一般有年限平均法和工作量法。固定资产的两种折旧方法如表 5-1 所示。

表 5-1　固定资产的两种折旧方法

折旧方法	概念	计算方法
年限平均法	将固定资产的应计折旧额平均分摊到固定资产预计使用寿命内的方法,又叫直线法	月折旧额 =(固定资产原价 − 预计净残值)× 月折旧率 其中:月折旧率 = 年折旧率 /12 年折旧率 =1/ 预计使用寿命(年)×100%
工作量法	根据实际工作量计算每期应计折旧额的方法	某项固定资产的月折旧额 = 该项固定资产的当月工作量 × 单位工作量折旧率 其中:单位工作量折旧率 =[固定资产 ×(1−预计净残值)]/ 预计总工作量

不同的折旧方法将计算出固定资产使用寿命内不同时期的折旧费用,因此,企业一旦选定固定资产折旧方法,就不能随意更改了。固定资产在使用的过程中有可能受经济环境、技术环境的影响而发生较大变化,因此,企业应该在每年年终,对固定资产的使用寿命、折旧方法和预计净残值进行复核。

---

[1] 计提折旧是公司在财务处理时,预先计入某些已经发生但未实际支付的折旧费用。计提折旧时需要区分会计期间和折旧期间,两者所指的期间不一定相同。

会计
小课堂

按现行《企业会计准则》规定，企业应对所有固定资产计提折旧，但以下情况除外：

（1）已提足折旧仍继续使用的固定资产；

（2）按照规定单独计价作为固定资产入账的土地；

（3）处于更新改造过程中的固定资产。

2. 固定资产的账户设置

企业在进行固定资产核算时，通常会设置四个账户，分别为"固定资产""在建工程""工程物资""累计折旧"。固定资产核算的账户设置如表 5-2 所示。

表 5-2　固定资产核算的账户设置

账户名称	说明
固定资产	该账户属于资产类账户，用于核算企业持有的固定资产原价。该账户可按固定资产的类别和项目进行明细核算
在建工程	该账户属于资产类账户，用于核算企业基建、更新改造等在建工程发生的支出。该账户可按建筑工程、安装工程、在安装设备、待摊支出或单项工程等明细账进行核算
工程物资	该账户属于资产类账户，用于核算企业为在建工程准备的各种物资成本，包括工程用材料、尚未安装的设备、为生产准备的工具器具等。该账户可按专用材料、专用设备、工具器具等明细账进行核算
累计折旧	该账户属于资产类备抵账户，用于核算企业固定资产计提的累计折旧。该账户可按固定资产的类别和项目进行明细核算

3. 固定资产的核算方法

固定资产的核算方法可以分为两部分：第一部分是固定资产的折旧；第二部分是固定资产的购入。

（1）固定资产的折旧

企业按月计提的固定资产折旧，应该根据固定资产的用途计入相关资产的成本或者当期损益。"制造费用""销售费用""管理费用""研发支出""其他业务成本"等科目记借项，"累计折旧"记贷项。

（2）固定资产的购入

固定资产的购入分两种情况：第一种情况是购入不需要安装的固定资产；第二种情况是购入需要安装的固定资产。

第一种情况：如果企业购入的是不需要安装的固定资产，则应该将固定资产所发生的所有购置成本记入"固定资产"（借）、"应交税费"（借）、"银行存款"（贷）等账户。

第二种情况：如果企业购入的是需要安装的固定资产，则应通过"在建工程"账户来核算安装工程成本。将固定资产购进时支付的买价、运杂费、包装费以及安装时发生的安装费用记入"在建工程"账户的借方。

安装完成交付使用时，应将安装工程的全部支出（实际成本），从"在建工程"账户的贷方转入"固定资产"账户的借方。需要安装的固定资产的核算方法如图 5-1 所示。

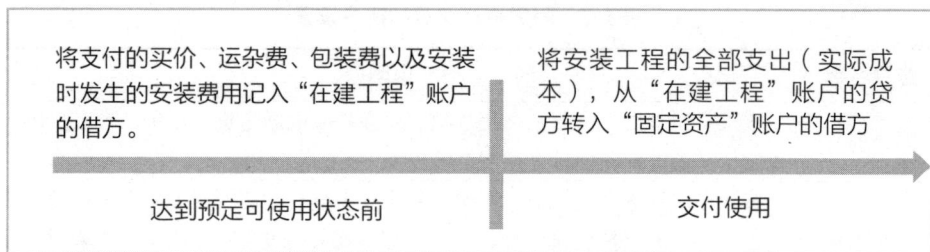

图 5-1　需要安装的固定资产的核算方法

5.1.2　材料采购业务的核算

为了保证生产经营的正常开展，企业必须采购和储备一批生产和经营所需的材料物资。购入的材料在验收合格入库后，就成了生产经营所需的库存材料。而材料的采购成本是指企业物资从采购到入库前所发生的全部支出，包括购买价款、相关税费、运输费、装卸费、保险费以及其他可归属于采购成本的费用。

一般来说，材料的采购成本包括以下五项：

- 支付的买价，即进货发票所开列的价款金额，如一般纳税人取得增值税发票，买价为增值税发票上列示的不含增值税的金额；

- 运输途中的合理损耗，即企业与供应或运输部门所签订的合同中规定的合理的、必要的自然损耗；

- 运杂费，包括运输费、装卸费、包装费、保险费、运输途中的仓储费等；
- 入库前的挑选整理费用，即购入的材料在入库前需要挑选整理而发生的费用，包括挑选过程中所支付的员工工资；
- 购入材料负担的税金，包括其他费用、关税、不可抵扣的增值税等。

1. 材料采购业务的账户设置

企业进行材料采购业务核算时，通常会设置"原材料""材料采购""材料成本差异""在途物资""预付账款""应付票据""应付账款"等账户。材料采购业务的账户设置如表 5-3 所示。

表 5-3　材料采购业务的账户设置

账户名称	说明
原材料	该账户属于资产类账户，用于核算企业库存的各种材料，包括原料、主要材料、辅助材料、外购半成品、修理备用件、包装材料、燃料等的计划成本或实际成本。企业收到来料加工装配业务的原料、零件等，应该设置备查簿进行登记。该账户可按材料的保管地点（仓库）、类别、品种和规格等进行明细核算
材料采购	该账户属于资产类账户，用于核算企业购入材料的实际成本和结转入库材料的计划成本。该账户可按供应单位和材料品种进行明细核算
材料成本差异	该账户属于资产类账户，用于核算企业购入材料的计划成本与实际成本的差额。该账户可按供应单位和材料品种进行明细核算
在途物资	该账户属于资产类账户，用于核算货款已付但尚未验收入库的在途物资的采购成本。该账户可按供应单位和材料品种进行明细核算
预付账款	该账户属于资产类账户，用于核算企业按照合同规定预付的款项。预付款项不多的企业，也可以将其记入"应付账款"等账户。该账户可按供货单位进行明细核算
应付票据	该账户属于负债类账户，用于核算企业购买材料、商品或接受劳务等开出、承兑的商业汇票（银行承兑汇票、商业承兑汇票）。该账户可按债权人进行明细核算
应付账款	该账户属于负债类账户，用于核算企业因购买材料、商品或接受劳务等经营活动应支付的款项。该账户可按债权人进行明细核算

续表

账户名称	说明
应交税费	该账户属于负债类账户，用于核算企业按照税法等规定应缴纳的各种税费，包括增值税、消费税、企业所得税、土地使用税、车船税等。企业代扣代缴的个人所得税，也通过本账户核算。该账户可按应缴纳的税费项目进行明细核算

2. 材料采购业务的核算方法

在实际采购中，由于支付方式不同，材料的入库时间和付款时间也有所不同。在进行材料采购业务的核算时，必须充分考虑材料状态和货款结算时间。我们在实际核算时，可以将材料状态和货款结算时间分为五种情况分别进行核算。材料采购业务的核算方法如表 5-4 所示。

表 5-4　材料采购业务的核算方法

材料状态、货款结算时间	核算方法
材料已验收入库、货款已支付、相关发票凭证已收到	借：原材料 　　应交税费——应交增值税（进项税额） 　贷：银行存款 　　　预付账款
材料已验收入库、货款尚未支付	在这种情况下，如果企业与供货单位之间采用商业汇票方式结算，则在"应付票据"账户中进行核算；如果企业与供货单位之间是简单的赊账关系，则通过"应付账款"账户进行核算。具体的核算方法如下： 借：原材料 　　应交税费——应交增值税（进项税额） 　贷：应付账款 　　　应付票据
材料已验收入库、货款尚未支付、月末未收到相关发票凭证	在这种情况下，按暂估价入账 [1]，核算方法如下： 借：原材料 　贷：应付账款 下月初以红字编制相反的会计分录冲回，收到相关发票凭证后再编制正式的会计分录

---

[1] 根据企业会计制度的规定，对于已验收入库但发票尚未收到的购进商品，企业应当在月末合理估计入库成本（如合同协议价格、当月或者近期同类商品的购进成本、当月或者近期类似商品的购进成本、同类商品同流通环节当期市场价格、售价×预计或平均成本率等）暂估入账。

续表

材料状态、货款结算时间	核算方法
材料尚未验收入库、货款已支付、相关发票凭证已收到	在这种情况下，购入的材料可能还在途中，或者已经到达企业但尚未验收入库。因此，购入的材料应按照实际支出先记入"在途物资"账户的借方，核算方法如下： 借：在途物资 　　应交税费——应交增值税（进项税额） 　贷：银行存款 待材料验收入库后，再转入"原材料"账户，并做后续会计分录

在材料的采购过程中，有的采购费用是专为采购某种材料而发生的，有的则是为了采购几种材料而发生的。如果某笔采购费用属于后者，不能直接归属于某一种材料的采购费用，则会计人员应按一定的标准予以分配，如材料采购费用可以按照购入材料的买价、重量或体积的比例等进行分配。

固定资产和材料采购业务是一般生产型企业的重要会计核算环节，会计人员除了要掌握基本的核算方法，还要对企业中的固定资产保管、采购等业务有所了解，只有熟悉企业的主要业务，才能真正管好账、算好账。

实操笔记

【多选题】1. 材料的采购成本包括（　　）。

A. 购买价款　　　B. 运输费　　　C. 装卸费　　　D. 保险费

【单选题】2. 甲公司月末计算车间使用的机器设备等固定资产的折旧费8 000元，下列会计分录中正确的是（　　）。

A. 借：生产成本　8 000　　　B. 借：制造费用　8 000
　　贷：累计折旧　8 000　　　　　贷：累计折旧　8 000

C. 借：管理费用　8 000　　　D. 借：制造费用　8 000
　　贷：累计折旧　8 000　　　　　贷：固定资产　8 000

答案：1. ABCD　2. B

♻ 5.2 生产业务核算

X 服装有限公司的主营业务是生产各类服装。2020 年 3 月，该公司生产了 6 款外套。在这 6 款外套上市销售之前，必须核算出每款外套的生产成本，只有这样，才能制定合理的销售价格，并进行利润核算。

这里的生产成本核算，是企业生产过程中的业务核算。企业在生产过程中需要不断投入和产生各种成本和费用，为了弄清生产成本，为优化生产业务和管理决策提供依据，企业必须对生产过程中的业务进行核算。

5.2.1 生产业务核算的主要内容

对生产过程中的业务进行核算，目的在于准确计算和反映各类产品的生产成本，主要包括生产过程中各种费用的发生、归集和分配，以及生产成本的形成。那么，生产过程中的业务核算包括哪些内容呢？

企业在生产过程中会产生许多费用，一部分费用可计入产品的制造成本，成为生产成本，还有一部分费用则形成管理费用、销售费用、财务费用等期间费用，它们是生产过程中业务核算的主要内容。生产过程中业务核算的主要内容如图 5-2 所示。

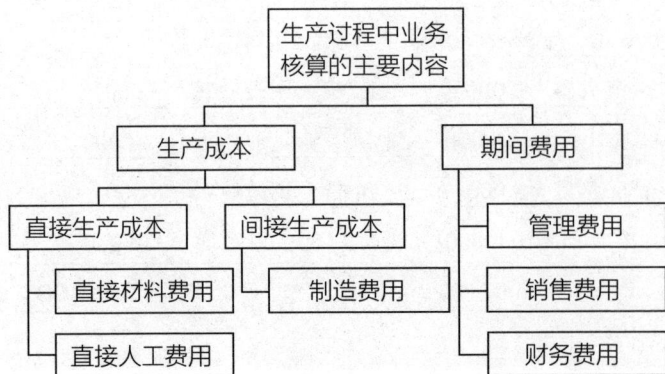

图 5-2 生产过程中业务核算的主要内容

直接材料费用是指构成实体产品的原材料，以及有助于产品形成的主要材料和辅助材料，如 X 服装有限公司生产外套的布料、拉链、纽扣等。直接人工费用是直接从事产品生产的职工的薪酬，如生产服装工人的计件工资、计时工资，企业承担的社会保险金、福利费、住房公积金等。

间接生产成本就是制造费用，是指企业为生产产品或提供劳务而发生的各项间接费用。期间费用包括管理费用、销售费用、财务费用，是指不能直接计入或不便于计入生产成本的费用，但期间费用与会计期间关系密切，如按月计提的利息、按月发放的管理人员薪酬等。

5.2.2　生产业务核算的账户设置

一般来说，企业在核算生产过程中的业务时，通常会设置"生产成本""制造费用""应付职工薪酬""其他应收款""库存商品""应付利息"等账户。生产过程中业务核算的账户设置如表 5-5 所示。

表 5-5　生产过程中业务核算的账户设置

账户名称	说明
生产成本	该账户属于成本类账户，用来归集和分配产品在生产过程中所发生的各项生产费用，确定产品的实际生产成本。该账户可按基本生产成本和辅助生产成本进行明细核算。基本生产成本应按基本生产车间和成本核算对象设置明细账，并按规定的成本项目设置专栏
制造费用	该账户属于成本类账户，用来归集和分配企业制造部门为生产产品或提供劳务而发生的各项间接费用，包括车间管理人员的职工薪酬、车间厂房和机器设备的折旧费、车间的办公费、水电费以及物料消耗费等。该账户期末结转后无余额
应付职工薪酬	该账户属于负债类账户，用来核算企业根据有关规定应付给职工的各种薪酬，包括工资、奖金、津贴和补贴、职工福利、社会保险费、住房公积金、工会经费、职工教育经费等货币性职工薪酬以及非货币性职工薪酬等。该账户可按"工资""职工福利""社会保险费""住房公积金""工会经费""职工教育经费"等科目进行明细核算
累计折旧	该账户属于资产类账户，用来核算企业固定资产因磨损而减少的价值。该账户是"固定资产"账户的抵减账户，累计折旧的发生就是固定资产价值的减少，所以计提的折旧额应在"累计折旧"账户的贷方登记

账户名称	说明
其他应收款	该账户属于资产类账户，用来核算企业除应收票据、应收账款、预付账款外的其他各种应收、暂付款项，包括备用金、应收的各种赔款、罚款、存出保证金、应向职工收取的各种垫付款和各种暂付款项等。该账户可按其他应收款的项目分类，并按不同的债务人设置明细账
库存商品	该账户属于资产类账户，用来核算企业库存产成品的实际成本、增减变动及其结存情况。该账户可按产品的品种、规格设置明细账
应付利息	该账户属于负债类账户，用来核算企业按照合同约定应支付的利息。该账户可按债权人进行明细核算
财务费用	该账户属于损益类账户，用来核算企业为筹集生产经营所需资金而发生的费用，包括利息支出及相关的手续费等。该账户期末结转后无余额，可按费用的种类设置明细账
管理费用	该账户属于损益类账户，用来核算企业为组织和管理生产经营活动所发生的各项费用。该账户期末结转后无余额，可按费用项目设置明细账

表 5-5 中列举的是一般企业生产过程中业务核算的账户，其中包含财务费用、管理费用两项期间费用，销售费用将在销售业务核算中进行讲解。

5.2.3　生产业务的核算方法

企业在生产过程中会涉及大量生产要素的投入，因此，会计人员在核算中要分清各类生产要素的性质和作用，将各种费用合理分配到不同的产品之中，并据此归集计算各种产品的成本，确定计入各期损益的期间费用。同时，还应在相关账户中反映生产要素的消耗和使用情况。生产过程中业务的核算方法如表 5-6 所示。

表 5-6　生产过程中业务的核算方法

核算要点	核算方法
领用材料的核算	平时领用材料时，会计部门一般不编制会计分录，而是定期汇总发出材料，编制"发出材料汇总表"；然后，根据"发出材料汇总表"定期或在每个月末编制领用材料的会计分录

续表

核算要点	核算方法
职工薪酬的核算	分配工资费用：企业每月根据职工薪酬的有关规章制度进行本月职工的工资和相关薪酬的计算，并据此进行有关职工薪酬的业务核算
	计提社会保险费等其他职工薪酬：除了支付工资，企业还承担着发放职工福利、缴纳职工社会保险费、住房公积金、职工教育经费、工会经费等的责任和义务。这些工资以外的职工薪酬，要按照一定时期职工工资总额的相应比例计提
	发放工资：一般企业的工资发放形式分为现金发放和银行代发。如果采用现金发放工资方式，需先从银行提取现金，然后再按工资结算单发放给职工；如果采用银行代发工资方式，则需向银行递交职工银行账号、工资清单和转账支票等资料，并将企业银行账户的资金直接转发到职工的个人银行账户
借款利息的核算	企业向银行或其他金融机构借入的贷款会产生利息。一般来说，贷款利息是按季支付、按年支付或到期支付的，但根据权责发生制的核算要求[1]，贷款利息仍应按月计提，按月核算应由每个月负担的贷款利息
租入物品的核算	企业的生产经营中如果涉及租入物品，如机器设备、厂房等，那么通常采用预先支付的方式来核算租金。在核算租金时，应划清各个会计期间的费用界限，正确计算各期应承担的租金费用
水电费等费用的核算	企业在生产经营过程中会产生各种费用，如水费、电费、网络费、电话费、交通费等。这些费用应根据用途分别记入不同的核算账户。全公司或行政管理部门发生的费用应记入"管理费用"账户，车间等生产制造部门发生的费用则应记入"生产成本"或"制造费用"账户
差旅费的核算	差旅费核算分为两种：一是出差预借差旅费，属于一次性备用金性质，应在"其他应收款"账户中按借款人单独核算；二是出差回来后报销差旅费，并结算预借款
月末结转制造费用	各项制造费用在平时发生时归集到"制造费用"账户，月末时，则要将"制造费用"账户借方归集的制造费用总额按产品品种进行分配。制造费用分配率的计算公式为： 制造费用分配率＝本期的制造费用总和 / 各产品的分配标准之和 注意：若企业只生产一种产品，则不需要分配，直接将归集的制造费用总额计入该产品成本

---

[1] 权责发生制又称"应收应付制"，其核算要求是：凡在本期发生应从本期收入中获得补偿的费用，不论是否在本期已实际支付或未付的货币资金，均应作为本期的费用处理；凡在本期发生应归属于本期的收入，不论是否在本期已实际收到或未收到的货币资金，均应作为本期的收入处理。实行这种制度，有利于正确反映各期的费用水平和盈亏状况。

核算要点	核算方法
月末结转完工产品生产成本	在平时的生产过程中，会计人员要进行生产费用的核算，月末再将全月所发生的所有生产费用进行归集，按照一定的标准在完工产品和未完工产品之间分配生产费用，计算出完工产品的总成本和单位成本，再进行完工产品生产成本的核算，计算公式为： 月初在产品成本＋本月生产费用＝本月完工产品成本＋月末在产品成本

**会计
小课堂**

在产品是指尚未完工的产品，包括制作过程中的在产品、已加工完成入库但不能对外销售的半成品。

在进行生产成本核算时，各项目的成本都应在完工产品与月末在产品之间进行分配。

但是，如果直接材料成本在全部成本中所占的比重较大，而且月末产品较少，则可以只将直接材料成本在完工产品与在产品之间进行分配，其他成本（如直接人工费用、制造费用）全部由完工产品成本承担，以简化成本核算工作。

一般工商类企业的生产业务各不相同，有的企业（如金融企业）甚至没有与生产相关的业务，因此，会计人员要根据企业的实际情况进行业务核算。

实操笔记

【写一写】生产过程中业务核算的主要内容包括哪些？员工薪酬核算包括哪几个部分？请在下面写出来。

♻ 5.3　销售业务核算

　　企业生产产品后，必须通过销售环节才能实现经济效益，而企业销售业务的核算则涉及商品销售收入、其他销售收入、成本、费用、相关税费的确认与计量等内容。比如，X 服装有限公司生产了一批 T 恤，现在要将 T 恤卖给客户，销售产生的收入、费用和税费都需要经过会计核算，才能清楚地呈现在账面上。

　　我们在进行销售业务核算时，首先要对销售收入进行确认和计量，这个环节非常关键，是销售业务核算的基础。只有当某项业务同时满足以下几个条件时，才能被确认为销售收入：

- 企业已将商品所有权上的主要风险和报酬转移给购货方；
- 企业没有保留通常与商品所有权相联系的继续管理权；
- 企业没有对已售出的商品实施控制；
- 收入的金额能够可靠地计量；
- 相关的经济利益很可能流入企业；
- 相关的已发生或将发生的成本能够可靠地计量。

　　明确了销售收入确认和计量的标准以后，我们来看看销售业务核算需要设置哪些账户。

5.3.1　销售业务核算的账户设置

　　销售业务核算的主要内容包括企业确认的销售收入的核算、货款结算的核算、销售成本的核算、销售费用的核算、相关税费的核算等。为了核算需要，企业通常设置"主营业务收入""其他业务收入""应收账款""应收票据""预收账款"等账户对销售业务进行会计核算。销售业务核算的账户设置如表 5-7 所示。

表 5-7　销售业务核算的账户设置

账户名称	说明
主营业务收入	该账户属于损益类账户，用来核算企业销售产品、提供劳务、固定资产出租等业务实现的收入。该账户期末结转后无余额，可按主营业务的种类进行明细核算
其他业务收入	该账户属于损益类账户，用来核算企业除主营业务收入外的其他销售或其他业务的收入，如材料销售、代购代销、包装物出租等。该账户结转后无余额，可按其他业务的种类，如"材料销售""代购代销""包装物出租"等科目设置明细账
应收账款	该账户属于资产类账户，用来核算企业因销售商品、提供劳务等应向购货单位或接受劳务单位收取的款项。该账户可按债务人设置明细账，进行明细核算
应收票据	该账户属于资产类账户，用来核算企业因销售商品、提供劳务而收到的商业汇票，包括银行承兑汇票和商业承兑汇票。该账户可按付款单位设置明细账
预收账款	该账户属于负债类账户，用来核算企业按照合同规定向购货单位预收的款项。该账户可按购货单位设置明细账
主营业务成本	该账户属于损益类账户，用来核算企业已经销售产品、提供劳务或让渡资产使用权等日常活动所发生的实际成本。该账户期末结转后无余额，可按产品的品种或劳务的类别设置明细账
其他业务成本	该账户属于损益类账户，用来核算企业确认的除主营业务活动外的其他经营活动所发生的支出，包括销售材料的成本、出租固定资产的折旧额、出租无形资产的摊销额、出租包装物的成本或摊销额等。该账户结转后无余额，可按其他业务成本的种类进行明细核算
销售费用	该账户属于损益类账户，用来核算企业在销售商品和材料、提供劳务的过程中发生的各项费用。为销售本企业商品而专设销售机构（含销售网点、售后服务网点等）的职工薪酬、业务费、折旧费、固定资产修理费等，也在本账户核算。该账户期末结转后无余额，可按费用项目设置明细账
税金及附加	该账户属于损益类账户，用来核算企业经营活动发生的除增值税、企业所得税、个人所得税以外的税费，主要包括消费税、城市维护建设税、资源税、教育费附加、房产税、车船税、土地使用税、印花税等相关税费。该账户期末结转后无余额

会计
小课堂

　　关于"税金及附加"：根据《中华人民共和国增值税暂行条例》和《关于印发〈增值税会计处理规定〉的通知》（财会〔2016〕22号）等有关规定，房产税、车船税、土地使用税、印花税将计入"税金及附加"科目，不再计入"管理费用"科目核算。

　　在核算税金时，如果是与经营活动相关的税费，应借记本科目，贷记"应交税费"等科目。返还的消费税等，应按实际收到的金额，借记"银行存款"科目，贷记本科目。

5.3.2　销售业务的核算方法

　　企业会计对销售业务的核算，可以反映出销售收入的取得、销售成本的结转、销售费用的发生、与销售有关的税费计提等情况。销售业务的核算主要包括以下三项内容。

1. 销售收入的核算

　　企业销售商品或产品会导致经济利益流入，使得企业的收入增加、资产增加，但也会产生相应的税金。我国税法规定，企业销售货物要缴纳增值税，而增值税的税额是按销售价格的一定比例计算的。

　　销售收入的核算可以分为两种情况。第一种情况是企业售出产品的同时收回货款，其核算方法如下：

借：银行存款

　　应收账款

　　应收票据

　　预收账款等（按实际收到、应收或者预收的金额）

　贷：主营业务收入 / 其他业务收入

　　　应交税费——应交增值税（销项税额，一般纳税人）

　　　应交税费——应交增值税（小规模纳税人）

第二种情况是企业售出产品但暂未收回货款。这种情况下的账务处理又可以细分为两种：一是企业与购货单位采用商业汇票方式结算，尚未收回的货款应在"应收票据"账户中核算；二是企业与购货单位之间是简单的赊账关系，则尚未收回的货款应在"应收账款"账户中核算。

2. 销售费用的核算

企业在销售过程中会产生各种销售费用，如运输费、装卸费、包装费、保险费、广告费、展销费、职工薪酬、业务费以及专设销售机构所发生的费用等。这些费用的核算方法如下：

（1）运输费、装卸费、包装费、保险费、广告费、展销费等

借：本科目（运输费/装卸费/包装费/保险费……）

　　贷：库存现金

　　　　银行存款

（2）职工薪酬、业务费等经营费用

借：本科目（职工薪酬/业务费……）

　　贷：应付职工薪酬

　　　　累计折旧等

3. 销售成本的核算

期末（月末），企业应根据销售产品的数量和单位成本，核算本月主营业务的成本。

借：主营业务成本

　　贷：库存商品

　　　　劳务成本等

当企业发生其他业务成本时，其核算方法如下：

借：其他业务成本

　　贷：原材料

　　　　累计折旧

　　　　应付职工薪酬等

企业的销售业务中还涉及税金核算。在后面的章节中，我们将为大家详细介绍税金的核算方法，本节就不再详细展开了。

实操笔记

【单选题】A企业销售产品一批，价款为 500 000 元，按规定应收

取增值税税额为 65 000 元，提货单和增值税专用发票已交给买方，

款项尚未收到。下列叙述中正确的是（   ）。

A. 借记"应收账款"账户 565 000 元

B. 借记"应收账款"账户 500 000 元

C. 借记"主营业务收入"账户 500 000 元

D. 借记"应交税费——应交增值税（销项税额）"账户 65 000 元

答案：A

♻ 5.4　筹资业务核算

为了扩大经营规模，X 服装有限公司决定面向股东进行筹资，这种筹资方式叫作所有者权益筹资。所有者权益筹资在会计核算中通常被称为投入资本，包括实收资本和资本公积。一般情况下，企业所有者投入的资金资本是不能随意抽回的。按投入资本的不同形态，所有者权益筹资可以分为资金投资、实物投资、证券投资和无形资产投资等。

还有一种筹资方式叫作负债筹资，就是向银行、其他金融机构等外部债权人筹资。负债筹资按期限长短，可分为短期借款和长期借款。企业向债权人借入的各种款项必须按规定的用途使用，而且按期支付利息，到期归还本金。

会计人员在对企业筹资业务进行核算时，应该按所有者权益筹资和负债筹资分别核算。下面，我们来看看筹资业务核算的账户设置。

5.4.1　筹资业务核算的账户设置

所有者权益筹资业务应通过"实收资本""资本公积""银行存款"等账户核算，而负债筹资业务则应通过"长期借款""短期借款""应付利息"等账户核算。筹资业务核算的账户设置如表 5-8 所示。

表 5-8　筹资业务核算的账户设置

账户名称	说明
实收资本	该账户属于所有者权益账户，用来核算投资者按规定投入企业的资本／股本。该账户可按投资者设置明细账，进行明细核算
资本公积	该账户属于所有者权益账户，用来核算企业收到投资者出资额超出其在注册资本或股本中所占份额的部分（资本或股本溢价），直接计入所有者权益的利得和损失也通过本账户核算。该账户应当分别设置"资本溢价（股本溢价）""其他资本公积"等明细账，进行明细核算
银行存款	该账户属于资产类账户，用来核算企业存入银行或其他金融机构的各种款项。该账户可按开户银行和其他金融机构及存款种类，分别设置"银行存款日记账"

账户名称	说明
短期借款	该账户属于负债类账户，用来核算企业向银行或其他金融机构等借入的期限在一年以下（含一年）的各种借款。该账户可按借款种类、贷款人和币种进行明细核算
长期借款	该账户属于负债类账户，用来核算企业向银行或其他金融机构等借入的期限在一年以上（不含一年）的各种借款。该账户可按贷款种类和贷款单位进行明细核算

5.4.2 筹资业务的核算方法

筹资业务的核算要按所有者权益筹资和负债筹资分别核算。

1. 所有者权益筹资的核算方法

如果企业的筹资方式是所有者权益筹资，那么投资的形式可分为货币资金投资、实物投资、无形资产投资等。不同的投资方式，其核算方式也有所不同，具体的核算方法如下：

（1）接受货币资金投资的核算方法

借：银行存款

　　固定资产

　贷：实收资本

　　　资本公积——资本溢价

（2）接受非货币资金投资的核算方法

借：固定资产

　　无形资产

　　长期股权投资

　贷：实收资本

需要注意的是，货币资金投资要按实际收到的金额入账，非货币资金投资要按投资合同或协议约定的价值入账。此外，企业在返还投资者资本时，要按实际返还金额借记"实收资本"科目，贷记"库存现金""银行存款"等科目。

会计
小课堂

　　无形资产是一种没有实体且不具有流动性、为特定主体所有、将给企业带来额外经济利益的资产，如专利权、版权、特许权、租赁权、商标权等。

　　根据《公司法》第二十七条第三款"全体股东的货币出资金额不得低于有限责任公司注册资本的30%"的规定，股东以无形资产出资应当符合法定比例。但2014年3月1日起执行的新《公司法》，取消了无形资产出资比例的限制。

2.负债筹资的核算方法

　　根据借款时间的长短，负债筹资可以分别通过短期借款和长期借款核算，其核算方法如下：

　　（1）短期借款的核算方法

　　短期借款的核算方法如表5-9所示。

表5-9　短期借款的核算方法

业务事项	核算方法
借入短期借款	借：银行存款 　　贷：短期借款
归还短期借款	借：短期借款 　　贷：银行存款
计提短期借款利息	借：财务费用 　　贷：应付利息
支付利息	借：应付利息 　　贷：银行存款

　　（2）长期借款的核算方法

　　长期借款的核算方法如表5-10所示。

表 5-10　**长期借款的核算方法**

业务事项	核算方法
借入长期借款	借：银行存款 　　长期借款——利息调整（差额） 贷：长期借款——本金
计提长期借款利息以及支付利息	借：在建工程 　　制造费用 　　财务费用 　　研发支出等 贷：应付利息 　　长期借款——利息调整（差额）
归还长期借款	借：长期借款——本金 贷：银行存款

在企业筹资业务的核算中，所有者权益筹资和负债筹资的核算方法是不同的；而且，投资人的投资形式也有不同的核算方法，会计人员要加以区别。

实操笔记

【单选题】固定资产达到预定可使用状态后发生的长期借款利息支出，应记入（　　）账户核算。

A. 管理费用　　　B. 财务费用　　　C. 在建工程　　　D. 固定资产

答案：B

♻ 5.5 利润形成和分配的核算

企业挣了多少钱？这些钱从何而来？这些钱怎么分配……

想要解答这些问题，就要进行利润形成和分配的核算，这也是企业会计核算的重要任务。利润形成核算就是对利润的形成过程进行核算，反映经济利益流入和流出企业的详细情况。利润分配核算就是计算和反映企业的利润分配情况。

5.5.1 利润形成的核算

企业在进行经济活动的过程中，经济利益会不断地流入和流出，在一定会计期间内，经济利益的流入与流出的差额，就是利润或亏损。利润可以分为营业利润、利润总额和净利润，其计算公式如下：

营业利润＝（主营业务收入＋其他业务收入）－（主营业务成本＋其他业务成本）＋投资收益＋公允价值变动收益＋资产处置收益＋其他收益－税金及附加－管理费用－销售费用－财务费用－资产减值损失

利润总额＝营业利润＋营业外收入－营业外支出

净利润＝利润总额－所得税费用

这三个公式反映了利润的组成，我们可以以此为依据，设置利润形成核算的账户。

1. 利润形成核算的账户设置

利润形成的核算是对企业经营成果的综合反映，影响利润形成的因素较多，应该分别设置账户进行核算。利润形成核算中涉及的"其他业务收入"和"其他业务成本"账户在前文中已经介绍过，这里就不再赘述了。我们只介绍利润形成核算过程中应设置的其他常用账户。利润形成核算的账户设置如表 5-11 所示。

表 5-11　利润形成核算的账户设置

账户名称	说明
营业外收入	该账户属于损益类账户，用来核算企业发生的各项与企业生产经营活动没有直接关系的偶然交易或事项所形成的利得，包括非流动资产处置利得、政府补助、流动资产盘盈利得、捐赠利得、罚款收入等。该账户期末结转后无余额，可按营业外收入项目设置明细账
营业外支出	该账户属于损益类账户，用来核算企业发生的各项与生产经营活动没有直接关系的支出，如非流动资产处置损失、公益性捐赠支出、非常损失、盘亏损失等。该账户可按营业外支出项目设置明细账
所得税费用	该账户属于损益类账户，用来核算企业按规定从当期利润总额中减去的所得税费用。该账户期末结转后无余额
本年利润	该账户属于所有者权益类账户，用来核算企业本年度所实现的利润或发生的亏损。该账户年末结转后无余额

2.利润形成的核算方法

企业利润形成的核算是通过结转损益类账户进行的，包括核算企业经济利益流入的收益类账户，如其他业务收入、营业外收入等；核算企业经济利益流出的支出类账户，如主营业务成本、其他业务成本、营业外支出等。

在一定会计期间内，这些账户将分类归集企业、其他经济组织、个人的经济活动情况，并在会计期末结转本期余额至"本年利润"账户，在该账户中汇总反映本期的损益数据，并核算出本期利润，其核算方法如下：

（1）会计期末，结转各项收入

借：主营业务收入

其他业务收入

营业外收入

贷：本年利润

（2）会计期末，结转各项支出

借：本年利润

贷：主营业务成本

税金及附加

其他业务成本

管理费用

　　财务费用

　　销售费用

　　资产减值损失

　　营业外支出

　　所得税费用等

对利润形成过程进行会计核算以后，我们不仅可以知道企业的利润金额，还能清楚地了解影响利润和亏损形成的因素，并据此优化经营和管理决策。接下来，让我们来看看利润分配的核算。

5.5.2　利润分配的核算

《公司法》规定，企业分配利润的流程如图 5-3 所示。

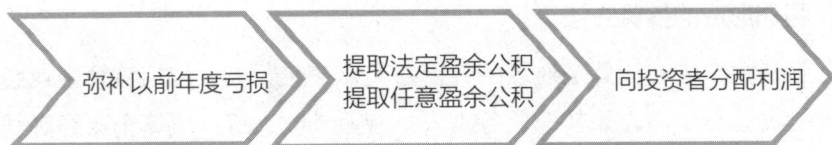

弥补以前年度亏损　＞　提取法定盈余公积 提取任意盈余公积　＞　向投资者分配利润

图 5-3　企业分配利润的流程

根据利润分配的流程，我们可以将利润分配核算划分为留存和分配两个部分，并据此设置账户。

会计
小课堂

　　盈余公积分为法定盈余公积和任意盈余公积两种。

　　在上市公司中，法定盈余公积提取额度为利润的 10%，当法定盈余公积累计额达到注册资本的 50% 时，可以不再提取。任意盈余公积按照股东大会的决议提取。

1.利润分配核算的账户设置

会计人员在进行利润分配的核算时，应设置"利润分配""盈余公积""应付股利"三个账户。利润分配核算的账户设置如表 5-12 所示。

表 5-12　利润分配核算的账户设置

账户名称	说明
利润分配	该账户属于所有者权益类账户，用来核算企业利润分配（或亏损弥补）和历年分配（或弥补）后的余额情况。该账户可按"提取法定盈余公积""提取任意盈余公积""未分配利润""应付现金股利（或利润）""转作股本的股利"等科目设置明细账。期末结转后，除"未分配利润"明细账外，该账户的其他明细账应无余额
盈余公积	该账户属于所有者权益类账户，用来核算企业从净利润中提取盈余公积的增减变动和结余情况。该账户应设置"法定盈余公积""任意盈余公积"等明细账
应付股利	该账户属于负债类账户，用来核算企业经董事会或股东大会，或类似机构决议确定分配的现金股利或利润。企业分配的股票股利，不通过本账户核算

2. 利润分配的核算方法

利润分配的核算主要通过"利润分配"进行，具体的核算方法如下：

（1）结转全年净利润

会计期末，会计人员应将"本年利润"账户余额全部转入"利润分配"账户，结转后"本年利润"账户年末无余额。

借：本年利润

　贷：利润分配——未分配利润

若当期为净亏损，则做相反的会计分录。

（2）提取盈余公积

提取法定盈余公积：

借：利润分配——提取法定盈余公积

　贷：盈余公积——法定盈余公积

提取任意盈余公积：

借：利润分配——提取任意盈余公积

　贷：盈余公积——任意盈余公积

（3）向投资者分配利润

企业向投资者分配利润的方式多种多样，包括发放现金、发放股票等。因此，企业在向投资者分配利润时，应按利润分配的形式，在"利润分配"账户下设置"应付现金股利（或利润）""转作股本的股利"明细账进行核算。

按应支付的现金股利或利润：

借：利润分配——应付现金股利

　　贷：应付股利

以股票股利转作股本的金额：

借：利润分配——转作股本股利

　　贷：股本

　　(4) 用盈余公积弥补亏损

当企业发生亏损时，除了用当年利润弥补亏损，还可以用之前积累的盈余公积来弥补。

借：盈余公积

　　贷：利润分配——盈余公积补亏

　　(5) 结转"利润分配"明细账户

会计期末，企业应将"利润分配"账户下的其他明细账户全部转入"未分配利润"明细账。

借：利润分配——未分配利润

　　利润分配——盈余公积补亏

　　贷：利润分配——提取法定盈余公积

　　　　利润分配——提取任意盈余公积

　　　　利润分配——应付现金股利

　　　　利润分配——转作股本股利等

结转完成后，除"未分配利润"明细科目外，"利润分配"账户下的其他明细账户应无余额。而"未分配利润"明细科目的贷方余额表示累积未分配的利润，借方余额表示累积未弥补的亏损。

实操笔记

【写一写】利润分配的流程是什么？提取公积这项业务应怎样核算？请在下面写出相应的会计分录。

_____

_____

_____

第 6 章

账务处理技巧：攻克会计做账难点的"武器"

会计人员在进行业务核算的过程中，常常会遇到一些难题，如计提与摊销、交易性金融资产、应收款项减值、存货计价等的账务处理。它们虽是难点，却是会计人员必须掌握的账务处理方法。

♻ 6.1 计提与摊销的账务处理

小徐是一名会计学员。她在学习相关账户核算的时候，经常听到老师提起"计提"和"摊销"。一开始，她不明白这两个词是什么意思。请教老师以后，她才知道，计提和摊销是会计实务中常见的两种账务处理方式。

在本节中，我们将专门介绍计提和摊销这两种账务处理方式，让大家深入理解并学会运用。

6.1.1 计提

计提的意思是计算和提取，即用规定的基数（如支付给员工的合法薪酬）乘以规定的比率（工资的 14%），计算出应提取的金额（应付福利费），并计入相应科目（"应付福利费"科目）。在会计核算中，为什么要进行计提呢？它有什么作用？

1. 计提的作用

为了弄清计提的作用，我们应该先了解计提的时机，即何时进行计提。在以下几种情况下，会计人员应进行计提操作：

- 根据制度规定，计算、提取有关的（留存、减值）准备；
- 预计某些应付账款；
- 在权责发生制前提下，预先计入某些已经发生但未实际支付的费用；
- 其他符合会计制度的预计项目。

从上述计提时机中，我们可以看出，计提的主要作用是"预先计入、预先提取"，也就是预先划出一部分资金放置起来，用于防范和应对可能出现的问题，使企业经营不至于陷入被动。比如，A 公司在财务上发生了坏账，为了避免出现财务危机，该公司会计人员对坏账进行了坏账计提，预先安排好资金做消除坏账的准备。

2. 八项计提

既然计提的作用这么大，那么在一般企业中，会计人员可以随意进行计提吗？当然不行。《企业会计准则》对一般企业的计提事项做出了明确规定。《企业会计制度》规定，实行该制度的企业可以进行八项计提。《企业会计制度》允许的八项计提如表 6-1 所示。

表 6-1　《企业会计制度》允许的八项计提

计提事项	说明
计提短期投资跌价准备	会计中期、期末或年末，应将股票、债券等短期投资按成本与市价孰低计量，如果短期投资的市价低于成本的差额，计提短期投资跌价准备，并计入当期损益
计提存货跌价准备	会计中期、期末或年末，如果因某种原因造成存货成本不可收回，则不可收回的部分按单个存货项目的成本高于其可变现净值的差额提取，并计入存货跌价损失。简单来说，计提存货跌价准备就是由于存货的可变现价值低于原成本，而对降低部分所做的一种稳健处理
计提长期投资减值准备	会计中期、期末或年末，如果因被投资单位经营状况恶化或其市价持续下跌等原因，造成其可收回金额低于账面价值，而且可预计的未来期间内不可能恢复。此时，应将可收回金额低于长期投资账面价值的差额作为长期投资的减值准备，并冲抵投资收益
计提应收账款坏账准备	会计中期、期末或年末，企业应估计坏账损失，形成坏账准备，并计入管理费用，待实际发生坏账时，冲销坏账准备和应收账款金额，使资产负债表的应收账款反映扣减坏账后的净值
计提委托贷款减值准备	在期末，企业应按照委托贷款本金与可收回金额孰低计量，对可收回金额低于本金的差额，计提委托贷款减值准备。在资产负债表上，应将委托贷款的本金和应收利息减去计提的减值准备后的净额，并入短期投资或长期债权投资
计提固定资产减值准备	在期末，企业应对固定资产按照账面价值与可收回金额孰低计量，对于可收回金额低于账面价值的差额，应计提固定资产减值准备
计提无形资产减值准备	在期末，对于因技术陈旧、损坏、长期闲置等原因导致其可收回金额低于账面价值的无形资产，应当计提无形资产减值准备
计提在建工程减值准备	当企业的在建工程预计发生减值时，如长期停建且预计在 3 年内不会重新开工的在建工程，应根据上述原则计提资产减值准备

以上八项计提遵循谨慎性和真实性原则，既能客观反映企业的经营状况，又能有效避免潜在的亏损因素，为企业降低财务风险。

3. 会计期末必做的计提事项

在企业的日常运营中，还有一些项目的计提也是必不可少的。这些计提事项可以帮助企业做好资金准备，使企业财务状况更加"健康"。会计期末必做的计提事项如表 6-2 所示。

表 6-2　会计期末必做的计提事项

计提事项	账务处理要点
计提应付职工薪酬	借：管理费用 / 销售费用 / 制造费用 / 生产成本——人工成本 　　贷：应付职工薪酬——工资薪金 / 社会保险 / 福利费 / 职工教育经费 / 工会经费
固定资产计提折旧	借：管理费用 / 销售费用 / 制造费用——折旧费 　　贷：累计折旧
计提资产减值损失	期末对资产进行减值测试，已经发生减值的，应当计提资产减值损失： 借：资产减值损失——存货 / 固定资产 / 无形资产 / 投资性房地产 / 长期股权投资 / 应收账款 　　贷：存货跌价准备 / 固定资产减值准备 / 无形资产减值准备 / 投资性房地产减值准备 / 长期股权投资减值准备 / 坏账准备
计提借款利息和未确认融资费用	期末，会计人员根据合同和计算摊销表对借款利息和未确认融资费用进行计提： 借：财务费用 / 在建工程——借款利息资本化 　　贷：应付利息 / 未确认融资费用
计提预计负债	预计负债包括未决诉讼、债务担保、重组义务等，会计期末应当按规定计提预计负债，计入当期损益： 借：营业外支出 　　贷：预计负债
计提税金及附加	依据增值税和消费税的应纳税额，计提税金及附加： 借：税金及附加——消费税 / 城市维护建设税 / 教育费附加 　　贷：应交税费——应交消费税 / 应交城市维护建设税 / 应交教育费附加 房产税、车船税、土地使用税、印花税在期末不用计提，在缴纳时直接计入当期的税金及附加
计提所得税费用	通过计算得出本期所得税费用、应交所得税、递延所得税，计提所得税费用等科目： 借：所得税费用 / 递延所得税资产 　　贷：应交税费——应交所得税 / 递延所得税负债

6.1.2　摊销

摊销是按使用年限每年分摊长期使用的经营性资产的购置成本，这种财务处理方式与固定资产折旧类似，都是将金额分摊到使用年限的各年中。摊销费用计入管理费用会减少当期利润，但是对经营性现金流没有影响。

在一般企业中，常见的摊销资产包括大型软件、土地使用权等无形资产和开办费，这些摊销资产长期为公司的经营做出贡献，所以它们的购置成本要分摊到各月。不过，摊销期限与折旧期限一样，一般不超过10年，它们的操作方法也类似。而且，大多数企业的固定资产数量远远多于无形资产，因此，很多企业会把摊销与折旧放在一起披露。

会计
小课堂

无形资产摊销的核算注意事项：

（1）摊销范围。对于使用寿命有限的无形资产应进行摊销，通常将其残值视为零；对于使用寿命不确定的无形资产不应摊销，但要计提减值准备。

（2）摊销时间。企业应当按月对无形资产进行摊销。对于使用寿命有限的无形资产应当自可供使用当月起开始摊销，处置当月不再摊销。

（3）摊销去向。企业自用的无形资产，其摊销金额应当计入管理费用；出租的无形资产，其摊销金额应当计入其他业务成本；某项无形资产包含的经济利益通过所生产的产品或其他资产实现的，其摊销金额应当计入相关资产成本。

在科技当道、知识经济飞速发展的今天，无形资产的种类不断增加，而且各种各样的无形资产呈现出不同的特点。在这样的背景下，无形资产的摊销方法也越来越多样化。目前，最常见的三种无形资产摊销方法为直线法、产量法和加速摊销法。

1.直线法

在前文有关固定资产折旧的内容中，我们提到过直线法。它同样适用于摊销。直线法摊销就是一种把无形资产的应摊销金额均衡地分配到每个会计期间的方法，又称为平均年限法。它的计算公式如下：

无形资产年摊销额＝无形资产取得总额/使用年限

直线法计算简便且易于掌握，但只适用于稳定性强的无形资产，如商标权、著作权、土地使用权等。

2.产量法

产量法是在"单位产量耗费的无形资产价值相等"的前提下，以无形资产在整个使用期间所提供的产量为基础来计算应摊销额的方法。它的计算公式如下：

每期无形资产摊销额＝每单位产量摊销额×该期实际完成产量

这种方法适用于在整个使用期间所提供的产量可以用产品的生产产量或工作时数等进行确定，而且每个月产量不一致的无形资产。

3.加速摊销法

如果说直线法是每月、每年摊销额相等的匀速摊销方法，那么加速摊销法则与之相反，是无形资产在使用的前期多计摊销，后期少计摊销，摊销额逐年递减的一种摊销方法。加速摊销法可以使无形资产成本在估计使用年限内快速得到补偿。加速摊销法又分为年数总和法和余额递减法。

（1）年数总和法

年数总和法是将无形资产的成本减去预计残值后的金额乘以逐年递减的摊销率，据此计算年摊销额的方法。它的计算公式如下：

年摊销率＝尚可使用年限/预计使用年限的年数总和×100%

其中，假定资产的预计使用年数为n年，预计使用年限的年数总和＝$n \times (n+1)/2$。

年摊销额＝（无形资产成本－预计残值）×年摊销率

（2）余额递减法

余额递减法是在不考虑无形资产预计残值的前提下，用年初无形资产的账面净值（无形资产成本－累计摊销）乘以摊销率（直线法），据此计算年摊销额的方法。它的计算公式如下：

年摊销额＝年初无形资产账面净值×年摊销率

运用余额递减法计算年摊销额时，有可能会遇到无形资产在后期的账面净值低于其残值的现象，因此，会计人员应在摊销年限到期前两年内，将无形资产成本减去累计摊销额再扣除预计残值后的余额平均摊销。

加速摊销法更加适用于与知识、技术、产品更新联系比较紧密的知识产权类无形资产，如专利权、非专利技术等。每个企业的无形资产各有特点，会计人员要根据实际情况选择适合的摊销方法。

实操笔记

【算一算】A公司企业购入商标权一项，购入过程中发生的全部支出为 150 000 元，假定摊销期为 5 年，请用余额递减法计算该商标权的年摊销额。

答案：年摊销率 =1/5×100%=20%

年摊销额 =150 000×20%=30 000（元）

♻ 6.2 交易性金融资产的账务处理

小刘是一家企业的会计。这家企业从 2020 年开始购买股票和债券，并通过股票和债券的短期价格变化获取了不少利润，因此，会计小刘的日常工作中就多了一项交易性金融资产的账务处理。

交易性金融资产是指企业为近期之内出售而持有的金融资产，包括债权证券和权益证券。一般来说，企业持有交易性金融资产的目的是通过积极管理和交易获取利润。当某项资产满足以下三个条件时，就可以被划分为交易性金融资产：

- 取得该金融资产的目的是为了近期内出售或回购；
- 属于进行集中管理的可辨认金融工具组合的一部分，并且有客观证据表明企业近期采用短期获利方式对该组合进行管理。
- 属于衍生工具 [1]，但不能随时交易的衍生工具 [2] 除外。

小刘在核算交易性金融资产的时候，应该设置哪些账户呢？

6.2.1 交易性金融资产的账户设置

在一般企业中，交易性金融资产多为企业以赚取差价为目的的从二级市场购入的股票、债券、基金等。交易性金融资产价值以公允价值 [3] 计量，为了反映和监督交易性金融资产的取得、现金股利或利息获得、出售、持有期间公允价值变动的情况，企业应该设置"交易性金融资产""公允价值变动损益""投

---

[1] 衍生工具是与现货市场合同相对应的另外一种合约。合约的持有者有义务或选择权在未来买入或卖出某种资产。合约的价格来源于标的资产，如某些农产品与矿产品以及金融指数或利率等。最基本的衍生工具是期货合约和期权合约。

[2] 不能随时交易的衍生工具有：被指定且为有效套期工具的衍生工具、属于财务担保合同的衍生工具、与在活跃市场中没有报价且其公允价值不能可靠计量的权益工具投资挂钩并须通过交付该权益工具结算的衍生工具。

[3] 公允价值是指在公平交易中，熟悉情况的交易双方自愿进行资产交换或债务清偿的金额，金融资产的公允价值应当以市场交易价格为基础加以确定，取得交易性金融资产发生的支付给代理机构、咨询公司、券商等的手续费和佣金等交易费用应当在发生时作为投资损失直接计入投资收益。

资收益"三个账户进行核算。交易性金融资产的账户设置如表 6-3 所示。

表 6-3 交易性金融资产的账户设置

账户名称	说明
交易性金融资产	该账户属于资产类账户，用来核算企业为交易目的所持有的债券投资、股票投资、基金投资等交易性金融资产的公允价值。该账户可按交易性金融资产的类别和品种，分别设置"成本""公允价值变动"等明细账户进行核算
公允价值变动损益	该账户属于损益类账户，用来核算企业交易性金融资产等的公允价值变动而形成的应计入当期损益的利得或损失。该账户期末结转后无余额，可按具体投资项目分别设置明细账
投资收益	该账户属于损益类账户，用来核算企业持有交易性金融资产等的期间内取得的投资收益，以及出售交易性金融资产等实现的投资收益或投资损失。该账户期末结转后无余额，可按具体投资项目分别设置明细账
应收股利	该账户属于资产类账户，用来核算企业因股权投资而应收取的现金股利或可分得的利润。该账户可按被投资单位设置明细账
应收利息	该账户属于资产类账户，用来核算企业因债权投资而应一年内到期收回的利息。该账户可按借款人进行明细核算
其他货币资金	该账户属于资产类账户，用来核算银行汇票存款、银行本票存款、信用卡存款、信用证保证金存款、存出投资款、外埠存款等款项。该账户可按其他货币资金的具体内容分别设置"银行汇票存款""银行本票存款""信用卡存款""信用证保证金存款""存出投资款""外埠存款"等明细账户，并根据各项其他货币资金的开户单位设置三级明细账户进行分类核算

6.2.2 交易性金融资产的账务处理

我们都知道，交易性金融资产是为了交易而持有的，所以我们在进行账务处理时，应注意其于金融市场的紧密结合性。应当用公允价值计量其取得成本、持有期间的价值变化，处置该资产时也应当以该资产账面上的公允价值为基础确认投资收益。

公允价值变动是由于市场因素，如需求变化、商品自身价值的变化产生买卖双方对价格的重新评估的过程，公允价值变动会产生公允价值变动损益。在会计实务中，"公允价值变动"科目与"公允价值变动损益"科目是相对应的。"公允价值变动"科目在交易性金融资产核算、投资性房地产核算中十分常用。

交易性金融资产的账务处理分为以下三个阶段。

1. 取得交易性金融资产

此时，交易性金融资产应按公允价值入账。

借：交易性金融资产——成本

　　投资收益

　　贷：其他货币资金——存出投资款

如果取得交易性金融资产所支付的价款中，包含已宣告但尚未发放的现金股利、已到付息期但尚未领取的债券利息，应当单独确认为应收项目。

2. 持有交易性金融资产

持有交易性金融资产期间，应核算相关现金股利、利息、公允价值变动等事项。

（1）交易性金融资产在持有期间收到购买日买价中包含的现金股利、利息为应收股利。

借：其他货币资金——存出投资款

　　贷：应收股利

（2）交易性金融资产在持有期间取得的现金利息、股利为投资收益。

借：应收股利 / 应收利息

　　贷：投资收益

（3）如果期末公允价值上升，则会计分录如下：

借：交易性金融资产——公允价值变动

　　　　贷：公允价值变动损益

如果期末公允价值下降，则做相反的会计分录。

3. 处置交易性金融资产

处置交易性金融资产就是出售，此时我们要核算损益。

　　借：其他货币资金——存出投资款

　　　　银行存款

　　　　交易性金融资产——公允价值变动（公允价值变动损失）

　　　　投资收益（处置损失）

　　　贷：交易性金融资产——成本（初始入账金额）

　　　　　　　　　　　　——公允价值变动（公允价值变动收益）

　　　　　投资收益（处置收益）

同时，将该项交易性金融资产持有期间公允价值变动损益转入"投资收益"账户。

　　借：公允价值变动损益（收益）

　　　　贷：投资收益

如果为损失，则做相反的会计分录。

当企业存在交易性金融资产时，会计人员应该按以上三个阶段进行账务处理。

实操笔记

　　【写一写】划分交易性金融资产的三个条件分别是什么？请列举出一项具体的交易性金融资产。

_____

_____

_____

♻ 6.3 应收款项减值的账务处理

企业经营中常常会遇到应收款项无法收回的现象。比如，因购货人拒付、破产、死亡等原因，导致企业无法收回货款。在会计工作中，因无法收回应收款项而产生的损失和坏账应该怎样处理呢？账面上应该如何反映？又应该怎样计提损失呢？

如果企业在资产负债表日对应收款项的账面价值进行检查时，发现确实有客观证据表明某应收款项发生减值，则应该将该应收款项的账面价值减记至预计未来现金流量现值 [1]，并采用备抵法计提坏账准备。

下面，我们来看看具体的账务处理方法。首先，我们要设置应收款项减值业务的相关账户。

6.3.1 应收款项减值的账户设置

应收款项减值业务的相关账户有两个，分别为"坏账准备"和"资产减值损失"。应收款项减值的账户设置如表 6-4 所示。

表 6-4 应收款项减值的账户设置

账户名称	说明
坏账准备	该账户属于资产类账户，是"应收账款""其他应收款"账户的调整账户之一，用来核算企业应收款项的坏账准备。该账户可按应收款项的类别设置明细账
资产减值损失	该账户属于损益类账户，用来核算企业计提各项资产减值准备所形成的损失。该账户期末结转后无余额，可按资产减值损失的项目设置明细账

---

[1] 未来现金流量现值是企业持有资产通过生产经营，或者持有负债在正常的经营状态下可望实现的未来现金流量的折现值。

6.3.2　应收款项减值的账务处理

在进行应收款项减值的账务处理时，应采用备抵法核算应收款项的减值，不仅要采用一定的方法按期估计坏账的损失，计入当期损益，还要计提坏账准备，待坏账实际发生时，再冲销已计提的坏账准备和相应的应收款项。

会计
小课堂

　　备抵法是期末在检查应收款项收回可能性的前提下，预计可能发生的坏账损失并计提坏账准备，当某一应收款项全部或部分被确认为坏账时，将其全额冲减坏账准备并相应转销应收款项的方法。

应收款项减值的账务处理可以分为以下三个阶段。

1. 计提坏账准备

首先，我们要按期估计坏账损失。余额百分比法是企业最常用的坏账损失的估计方法，其计算公式为：

当期应计提坏账准备＝期末应收款项余额×坏账准备计提率±"坏账准备"账户的期末贷方（借方）余额

通过公式我们可以看出，如果计提前"坏账准备"账户的余额小于年末"坏账准备"的应有金额，就应该补提坏账准备；反之，则应冲转多余的坏账准备。

借：信用减值损失

　　贷：坏账准备

如果应收款项减值迹象消失,需要冲转多余坏账准备,则做相反的会计分录。

2. 实际发生坏账

当企业的应收款项符合以下任意一个条件时，我们就可以确认坏账已经发生：

- 债务人破产或死亡，以其破产财产或者遗产清偿后仍无法收回；

- 债务人长时期未履行偿债义务，并有足够的证据表明无法收回或收回的可能性极小。

当坏账发生时，我们应做如下会计分录，并对坏账进行核算。

借：坏账准备

  贷：应收账款等

3.收回并核销坏账

当前期已做坏账处理的应收款项重新回收时，我们要将之前已冲销的应收账款再次入账，并将收回的款项补充坏账准备。

借：应收账款

  贷：坏账准备

借：银行存款

  贷：应收账款

在企业经营过程中，难免遇到款项无法收回的情况，因此，会计人员要熟练掌握应收款项减值的账务处理方法，避免出现账实不符的现象。

实操笔记

【写一写】怎样估计企业的坏账损失，请在下面写出具体方法和计算公式。

_____

_____

_____

♻ 6.4　存货计价的账务处理

所谓存货，就是企业在正常生产经营过程中持有的、以备出售的产成品或商品，或者出售仍然处在生产过程中的在产品，以及将在生产过程或提供劳务过程中消耗的材料、物品等。

在企业的生产经营过程中，存货会不断地被销售、消耗和重置，因此企业需要不断地购入存货。可是，每次购入存货的单位采购成本可能有所不同，存货的计价就成了一个令人头痛的问题。

为了更准确地进行业务核算，在会计实务中，存货的计价方法并不是统一的。它包括先进先出法、个别计价法、月末一次加权平均法和移动加权平均法等，会计人员应根据实际情况，采用不同的存货计价方法。

1. 先进先出法

先进先出法就是将发出财产物资的单价按账面最先收到的单价计算，这种方法是建立在假设之上的。它假设先收到的财产物资先发出、先收到的材料先使用、先收到的商品先出售等。这样一来，期末结存财产物资的单价就可以根据假设中的流转次序进行计价了。

2. 个别计价法

个别计价法也称为个别认定法，就是以实际单位采购成本作为该批财产物资发出时的实际单价，即在财产物资明细账上按收入、批次逐笔登记其数量、单价和金额，并分别按实际单价计算每批物资的发出金额和结存金额。这种方法一般适用于单位价值很高的财产物资，或者为特定项目专门购入或制造的存货。

3. 月末一次加权平均法

月末一次加权平均法是以本期各批收入数量和期初结存数量为权数计算财产物资平均单价的方法。

如果企业使用月末一次加权平均法计价，那么在购入财产物资时，需要在明细账上逐笔登记数量、单价和金额。在发出财产物资时，只需登记发出的数量，无须登记单价和金额。到月末时，一次计算出财产物资的加权平均单价，然后再分别计算发出和结存的财产物资的金额。

月末一次加权平均单价的计算公式为：

月末一次加权平均单价 =（期初结存金额 + 本期收入财产物资金额）/（期初结存数量 + 本期收入财产物资数量）

本月发出金额 = 本月发出数量 × 加权平均单价

本月结存金额 = 月末结存数量 × 加权平均单价

4. 移动加权平均法

移动加权平均法是指以本期内某批收入数量与前期结存数量为权数计算财产物资平均单价的方法。

如果企业使用移动加权平均法计价，那么各项财产物资明细账要逐笔登记财产物资收入、发出和结存的数量、单价与金额。每次购入财产物资时，都要计算新的加权平均单价，即移动加权平均单价，其计算公式与月末一次加权平均单价相同：

移动加权平均单价 =（期初结存金额 + 本期收入财产物资金额）/（期初结存数量 + 本期收入财产物资数量）

发出金额 = 发出数量 × 移动加权平均单价

结存金额 = 结存数量 × 移动加权平均单价

本节中列举的存货计价方法都属于实际成本法，一般工业企业和商业企业都可以使用实际成本法进行存货计价。

实操笔记

【写一写】月末一次加权平均法与移动加权平均法有什么区别？它们的计算公式分别是什么？请在下面写出来。

第 7 章

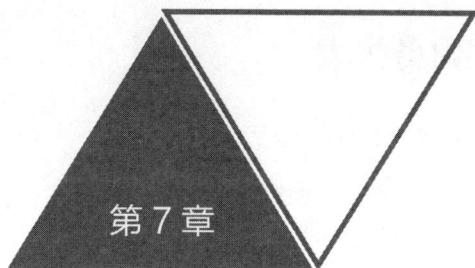

财务报表：反映企业经营状况的"晴雨表"

　　财务报表是反映企业经营状况的"晴雨表"。一套完整的财务报表包括资产负债表、利润表、现金流量表、所有者权益变动表、财务报表附注。它们可以全面地反映企业的经营成果和财务状况，并为企业的经营管理决策提供依据。编制财务报表是每个会计人员必备的基本技能。

♻ 7.1　认识财务报表

很多人把财务报表称作反映企业经营状况的"晴雨表"。通过观察晴雨表，我们可以了解天气状况，然后决定今天穿什么衣服、是否要带雨伞。财务报表也具有相似的功能。它可以全面地反映企业的经营成果和财务状况。管理者可以通过财务报表发现企业在经营过程中存在的问题，并据此调整经营管理策略。

财务报表的编制是企业财务管理中的重要工作，也是企业会计人员必备的工作技能。不过，编制一份准确、完整的财务报表对新手会计来说并不是一件容易的事情。因此，为了更好地掌握财务报表的编制方法，我们不妨从头认识一下财务报表。

7.1.1　财务报表的概念和构成

张先生开了一家小型超市，经过一年的经营，超市的生意越来越红火。于是，张先生准备开一家分店。为了验证自己是否具备开分店的条件，张先生必须回答几个问题：过去一年超市赚了多少钱？未来是否具有持续盈利的能力？开一家超市要花多少钱？这些钱要花在哪些地方？自己手里是否有足够的现金，能否抵御财务危机？如果将这些问题的答案汇总，并用相应的会计信息呈现出来，就形成了一份简单的财务报表。

财务报表是反映企业或预算单位一定时期资金、利润状况的会计报表，是对企业财务状况、经营成果和现金流量的结构性表述。财务报表应当包括的五个部分如图 7-1 所示。

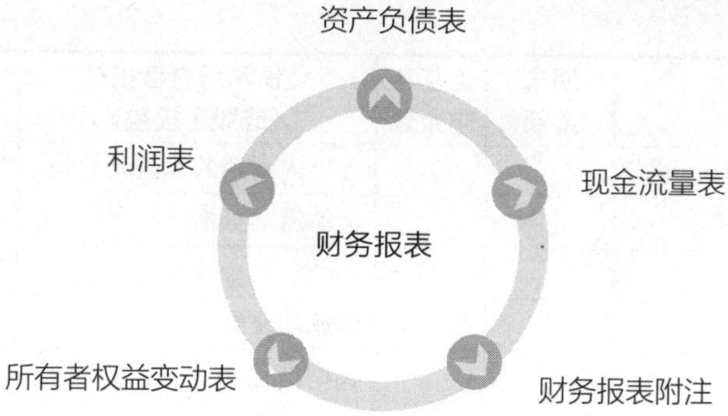

图 7-1　财务报表应当包括的五个部分

1.资产负债表

资产负债表是反映企业在某一特定时期（如月末、季末、年末）的全部资产、负债、所有者权益状况的会计报表。

比如，为了开分店，张先生拿出了自己手中的 60 万元现金（所有者权益），又从银行贷款 40 万元（负债），总共 100 万元。将这些资金状况用会计报表的形式反映出来，就是一张资产负债表。资产负债表的样式如表 7-1 所示。

表 7-1　资产负债表的样式

会企 01 表

编制单位：　　　　　　　年　月　日　　　　　　　单位：元

资产	期末余额	上年年末余额	负债和所有者权益（或股东权益）	期末余额	上年年末余额
流动资产：			**流动负债：**		
货币资金			短期借款		
交易性金融资产			交易性金融负债		
衍生金融资产			衍生金融负债		
应收票据			应付票据		
应收账款			应付账款		
应收款项融资			预收款项		
预付款项			合同负债		
其他应收款			应付职工薪酬		
存货			应交税费		
合同资产			其他应付款		
持有待售资产			持有待售负债		

续表

资产	期末余额	上年年末余额	负债和所有者权益（或股东权益）	期末余额	上年年末余额
一年内到期的非流动资产			一年内到期的非流动负债		
其他流动资产			其他流动负债		
流动资产合计			流动负债合计		
非流动资产：			**非流动负债：**		
债权投资			长期借款		
其他债权投资			应付债券		
长期应收款			其中：优先股		
长期股权投资			永续债		
其他权益工具投资			租赁负债		
其他非流动金融资产			长期应付款		
投资性房地产			预计负债		
固定资产			递延收益		
在建工程			递延所得税负债		
生产性生物资产			其他非流动负债		
油气资产			非流动负债合计		
使用权资产			负债合计		
无形资产			**所有者权益（或股东权益）：**		
开发支出			实收资本（或股本）		
商誉			其他权益工具		
长期待摊费用			其中：优先股		
递延所得税资产			永续债		
其他非流动资产			资本公积		
非流动资产合计			减：库存股		
			其他综合收益		
			专项储备		
			盈余公积		
			未分配利润		
			所有者权益（或股东权益）合计		
资产总计			负债和所有者权益（或股东权益）总计		

通过一张资产负债表，我们可以了解三个方面的信息：第一，企业在某会计期间内所拥有的资产总额及其结构，包括固定资产、流动资产、长期投资、无形资产等；第二，企业在某会计期间内的负债总额及其结构，以及债务偿还对象和偿还时间；第三，企业所有者在某会计期间内拥有的权益，以及资本保值、增值情况和资本对负债的保障程度。

2. 利润表

利润表是反映企业某一特定时期经营成果的会计报表，可以反映出企业经营业绩的主要来源及其构成。

比如，张先生的分店终于开张了，经过一年的经营，张先生将各项费用、银行贷款、成本剔除以后，发现这家分店虽然没有亏损，但盈利状况并不理想。为了弄清具体的利润来源，并据此调整经营策略，张先生需要一张利润表。利润表的样式如图 7-2 所示。

表 7-2　利润表的样式

会企 02 表

编制单位：　　　　　　　　年　月　　　　　　　　单位：元

项目	本期金额	上期金额
一、营业收入		
减：营业成本		
税金及附加		
销售费用		
管理费用		
研发费用		
财务费用		
其中：利息费用		
利息收入		
加：其他收益		
投资收益（损失以"-"号填列）		
其中：对联营企业和合营企业的投资收益		
以摊余成本计量的金融资产终止确认收益		
净敞口套期收益（损失以"-"号填列）		

项目	本期金额	上期金额
公允价值变动收益（损失以"-"号填列）		
信用减值损失（损失以"-"号填列）		
资产减值损失（损失以"-"号填列）		
资产处置收益（损失以"-"号填列）		
二、营业利润（亏损以"-"号填列）		
加：营业外收入		
减：营业外支出		
三、利润总额（亏损总额以"-"号填列）		
减：所得税费用		
四、净利润（净亏损以"-"号填列）		
（一）持续经营净利润（净亏损以"-"号填列）		
（二）终止经营净利润（净亏损以"-"号填列）		
五、其他综合收益的税后净额		
（一）不能重分类进损益的其他综合收益		
1. 重新计量设定受益计划变动额		
2. 权益法下不能转损益的其他综合收益		
3. 其他权益工具投资公允价值变动		
4. 企业自身信用风险公允价值变动		
……		
（二）将重分类进损益的其他综合收益		
1. 权益法下可转损益的其他综合收益		
2. 其他债权投资公允价值变动		
3. 金融资产重分类计入其他综合收益的金额		
4. 其他债权投资信用减值准备		
5. 现金流量套期储备		
6. 外币财务报表折算差额		
……		
六、综合收益总额		
七、每股收益		
（一）基本每股收益		
（二）稀释每股收益		

通过利润表，我们可以看出企业在某会计期间内的收入情况，如营业收入、投资收益、营业外收入等，以及某会计期间内产生的耗费，如营业成本、销售费用、管理费用、财务费用、营业外支出等。

此外，利润表可以反映企业在某会计期间内的获得的净利润数额和亏损数额，据此衡量企业的投入产出比。企业的管理者和投资人可以据此判断利润质量、资产保值和增值情况等，并预测其持续性，以便做出更加科学的经营决策。

3. 现金流量表

现金流量表是反映企业在某一特定时期现金及现金等价物流入和流出的会计报表。它可以帮助我们评价企业的支付能力、偿债能力和周转能力，进而为经营决策提供依据。

比如，张先生有一笔资金，这笔资金是投入新开的分店呢？还是用于老店的设施更新呢？不同的决策会产生不同的现金流向，将这些不同的现金流向汇总起来，就形成了现金流量表。现金流量表的样式如表 7-3 所示。

表 7-3　现金流量表的样式

会企 03 表

编制单位：　　　　　　　　　　年　　月　　　　　　　　　　单位：元

项目	本期金额	上期金额
一、经营活动产生的现金流量：		
销售商品、提供劳务收到的现金		
收到的税费返还		
收到其他与经营活动有关的现金		
经营活动现金流入小计		
购买商品、接受劳务支付的现金		
支付给职工及为职工支付的现金		
支付的各项税费		
支付其他与经营活动有关的现金		
经营活动现金流出小计		
经营活动产生的现金流量净额		
二、投资活动产生的现金流量：		
收回投资收到的现金		

项目	本期金额	上期金额
取得投资收益收到的现金		
处置固定资产、无形资产和其他长期资产收回的现金净额		
处置子公司及其他营业单位收到的现金净额		
收到其他与投资活动有关的现金		
投资活动现金流入小计		
购建固定资产、无形资产和其他长期资产支付的现金		
投资支付的现金		
取得子公司及其他营业单位支付的现金净额		
支付其他与投资活动有关的现金		
投资活动现金流出小计		
投资活动产生的现金流量净额		
三、筹资活动产生的现金流量：		
吸收投资收到的现金		
取得借款收到的现金		
收到其他与筹资活动有关的现金		
筹资活动现金流入小计		
偿还债务支付的现金		
分配股利、利润或偿付利息支付的现金		
支付其他与筹资活动有关的现金		
筹资活动现金流出小计		
筹资活动产生的现金流量净额		
四、汇率变动对现金及现金等价物的影响		
五、现金及现金等价物净增加额		
加：期初现金及现金等价物余额		
六、期末现金及现金等价物余额		

一张现金流量表可以反映出三个重要信息：第一，企业的现金净流量信息，可以体现出企业的整体财务状况；第二，企业在某一特定时期内现金的来源与去向，可以说明企业的偿债能力和支付能力；第三，企业不同经济活动的现金净流量，可以衡量企业的经济活动是否有效。

4. 所有者权益变动表

所有者权益变动表是反映企业在某一特定时期所有者权益的构成和增减变动情况的会计报表。企业股东应该特别关注自己的股东身份和权益变化。

比如，张先生的超市经营得十分红火，他的朋友看到后，想出资与他再合开一家分店。张先生经过一番考虑后，同意了朋友的请求，于是他们共同出资合开了第二家分店。我们把张先生的朋友出资后的权益变动情况汇总起来，就得到了一张所有者权益变动表。所有者权益变动表的样式如图 7-4 所示。

表 7-4　所有者权益变动表的样式

会企 04 表

编制单位：　　　　　　　　　　年度　　　　　　　　　　单位：元

项目	本年金额											上年金额										
	实收资本（或股本）	其他权益工具			资本公积	减：库存股	其他综合收益	专项储备	盈余公积	未分配利润	所有者权益合计	实收资本（或股本）	其他权益工具			资本公积	减：库存股	其他综合收益	专项储备	盈余公积	未分配利润	所有者权益合计
		优先股	永续债	其他									优先股	永续债	其他							
一、上年年末余额																						
加：会计政策变更																						
前期差错更正																						
其他																						
二、本年年初余额																						
三、本年增减变动金额（减少以"-"号填列）																						
（一）综合收益总额																						
（二）所有者投入和减少资本																						
1. 所有者投入的普通股																						
2. 其他权益工具持有者投入资本																						
3. 股份支付计入所有者权益的金额																						

续表

项目	本年金额											上年金额										
	实收资本（或股本）	其他权益工具			资本公积	减：库存股	其他综合收益	专项储备	盈余公积	未分配利润	所有者权益合计	实收资本（或股本）	其他权益工具			资本公积	减：库存股	其他综合收益	专项储备	盈余公积	未分配利润	所有者权益合计
		优先股	永续债	其他									优先股	永续债	其他							
4. 其他																						
（三）利润分配																						
1. 提取盈余公积																						
2. 对所有者（或股东）的分配																						
3. 其他																						
（四）所有者权益内部结转																						
1. 资本公积转增资本（或股本）																						
2. 盈余公积转增资本（或股本）																						
3. 盈余公积弥补亏损																						
4. 设定受益计划变动额结转留存收益																						
5. 其他综合收益结转留存收益																						
6. 其他																						
四、本年年末余额																						

所有者权益变动表的作用主要有三个：第一个是反映企业的当期损益，并将损益直接计入所有者权益的利得和损失；第二个是反映所有者权益组成部分的增减变化和结构性变动情况；第三个是揭示企业留存收益和公积金的使用情况。

5. 财务报表附注

财务报表附注是对资产负债表、利润表、现金流量表和所有者权益变动表等报表中列示项目的文字描述或明细资料，以及未能在上述报表中列示项目的说明等。它让财务报表对企业经营成果和财务状况的披露更加充分、详细。

简单来说，财务报表附注是对财务报表主表的补充和说明，一般企业的财务报表附注主要包括以下内容：

（1）企业的基本情况；

（2）财务报表的编制基础；

（3）遵循企业会计准则的声明；

（4）重要会计政策的说明，如财务报表项目的计量基础、会计政策的确定依据等；

（5）重要会计估计的说明，如下一会计期间中可能导致资产、负债账面价值重大调整的会计估计及其确定依据等；

（6）会计政策和会计估计变更和差错更正的说明；

（7）对财务报表中的重要项目的说明，如终止经营税后利润的金额及其构成情况等；

（8）或有和承诺事项；

（9）资产负债表日后事项；

（10）关联方关系及其交易。

财务报表附注中包含的内容十分丰富，其主要作用有三个：一是提供对会计政策、会计估计等的披露，提高财务报表信息的可比性；二是提供财务报表重要项目的说明等，突出财务报表中的重要信息，引起报表使用者的关注；三是提供资产负债表日后事项的说明等内容，让财务报表信息更加易于理解。

会计
小课堂

财政部分别于2017年12月、2018年6月、2019年4月修订了"一般企业财务报表"的格式。

其中，新版（2019年4月）财务报表有两个版本，一个版本适用于已经执行新金融工具准则、新收入准则与新租赁准则的企业，另一个版本适用于未执行新金融工具准则、新收入准则与新租赁准则的企业。本书所采用的财务报表格式适用于已经执行新金融工具准则、新收入准则与新租赁准则的企业。

7.1.2　财务报表的分类

财务报表的服务对象不同、编报单位等不同，其类型也有所不同。归纳起来，财务报表可以按照服务对象不同、编报单位不同、会计信息的重要性不同、会计主体不同、编制和报送时间不同进行分类。财务报表的分类如表 7-5 所示。

表 7-5　财务报表的分类

报表分类标准	类别	说明
按服务对象分类	对外财务报表	是企业必须定期编制，并向上级主管部门、财税部门、投资人等报送，或按规定向社会公布的财务报表。它有统一的报表格式、指标体系和编制时间
	对内财务报表	是企业根据自己的经营管理需要而编制的、供内部管理人员使用的财务报表。它不要求统一格式，也没有统一的指标体系
按编报单位分类	基层财务报表	是由可进行独立财务核算的基层单位编制的财务报表，反映该单位的财务状况和经营成果
	汇总财务报表	是上级主管部门的财务报表与其所属单位报送的基层财务报表进行汇编而形成的财务报表
按会计信息的重要性分类	主表	是会计信息比较全面、满足报表使用者各种不同信息需求的财务报表。目前，财务报表的主表是指资产负债表、利润表和现金流量表
	附表	是财务报表的从属报表，即那些对主表信息进行补充说明的报表，如利润分配表和分部报表（利润表附表）。主表和相关附表之间有勾稽关系，是对主表的进一步说明
按会计主体分类	个别财务报表	是在由母公司和子公司组成的、具有控股关系的企业集团中，以母公司和子公司为会计主体，各自单独编制的财务报表，分别反映母公司和子公司的财务状况和经营成果
	合并财务报表	是以企业集团为会计主体，在个别财务报表的基础上，由母公司编制的、反映企业集团财务状况和经营成果的财务报表

续表

报表分类标准	类别	说明
按编制和报送时间分类	中期财务报表	狭义上的中期财务报表仅指半年期财务报表，广义上的中期财务报表是指月度、季度、半年期财务报表
	年度财务报表	是整个会计年度的财务报表，也是企业每年年底必须编制并报送的财务报表，反映企业全年度的经营成果、现金流量情况及年末财务状况

　　了解财务报表的概念和分类，能让会计人员进一步认识财务报表的意义，并在心中搭建一个粗略的知识框架，为后期填制报表的工作打好基础。

实操笔记

【写一写】财务报表的"四表一注"分别是什么？请试着写出你对财务报表的理解。

_____

_____

_____

❧ 7.2　编制资产负债表的技巧

想知道一家公司有多少钱，我们必须研究它的资产负债表。资产负债表包括资产、负债和所有者权益三大要素，它们不仅是构成资产负债表的核心内容，也是编制资产负债表的基础。

下面就让我们通过资产、负债和所有者权益这三大要素来进一步认识资产负债表，学习它的编制方法。

7.2.1　资产负债表的基本结构

通过学习"会计的六大要素"，我们已经认识了资产、负债和所有者权益，以及它们组成的会计恒等式：

资产＝负债＋所有者权益

所有者权益＝资产－负债

会计恒等式不仅是会计记账、核算的基础，也是编制资产负债表的基础。会计恒等式中的负债代表债权人在企业资产中所占的份额，所有者权益代表股东在企业资产中所占的份额，两者加起来就是资产。

我们可以把会计恒等式看成一座天平，天平左侧的砝码是资产，右侧的砝码是负债和所有者权益。资产负债表上的数字就是砝码的具体重量，只要有任何一点错误，天平的平衡就会被打破。会计恒等式天平如图 7-2 所示。

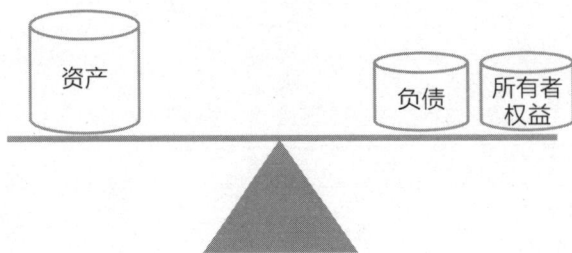

图 7-2　会计恒等式天平

在资产负债表中，资产项目占据了 50% 的篇幅，负债和所有者权益相关项目占据另外 50% 的篇幅。资产负债表的布局如图 7-3 所示。

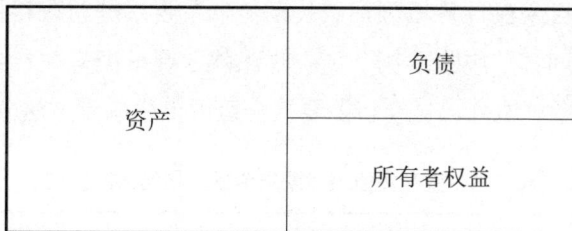

图 7-3　资产负债表的布局

资产负债表中的资产项目列示在左侧，可分为流动资产和非流动资产。负债项目在资产负债表的右上方，按照流动负债和非流动负债分类列示。所有者权益项目可以反映公司最真实的资产，是公司偿还了各类负债之后的净资产，列示在资产负债表的右下方。

7.2.2　资产负债表的编制方法

在一张资产负债表中，除了有资产、负债和所有者权益三大类列示项目，还有"上年年末余额"栏和"期末余额"栏。"上年年末余额"栏的编制方法很简单，根据上年年末资产负债表"期末余额"栏内的数字直接填列即可。如果本年度资产负债表中有项目和上年年末不一致的，应先按本年度的规定，对上年年末资产负债表进行调整，然后再对应填入数字。

"期末余额"栏的编制方法有以下六种：

- 根据总账余额直接填列；
- 根据总账科目和明细账科目余额分析计算填列；
- 根据几个总账科目的期末余额计算填列；
- 根据有关科目余额减去其备抵科目余额后的净额填列；
- 根据明细账科目余额计算填列；
- 综合运用上述编制方法分析填列。

资产负债表"期末余额"栏的编制方法如表 7-6 所示，表中"-"表示"减"，"+"表示"加"。在填列时，我们要综合运用以上六种方法。

比如，"交易性金融资产"和"短期借款"要根据总账余额直接填列；"货币资金"要根据几个总账科目的期末余额计算填列；"应收账款"和"应付账款"要根据明细账科目余额计算填列；"长期借款"要根据总账科目和明细账科目余额分析计算填列；"应收票据""应收账款"要根据有关科目余额减去其备抵科目余额后的净额填列；"存货"要综合运用上述编制方法分析填列。

表 7-6　资产负债表"期末余额"栏的编制方法

期末余额		期末余额	
流动资产：		流动负债：	
货币资金	"库存现金""银行存款""其他货币资金"账户的期末借方余额之和	短期借款	根据"短期借款"账户的期末贷方余额填列
交易性金融资产	根据"交易性金融资产"账户的期末余额填列	交易性金融负债	根据"交易性金融负债"账户期末余额填列
衍生金融资产	根据"衍生工具""套期工具""套期项目"等科目的期末借方余额填列	衍生金融负债	根据"衍生工具""套期工具""套期项目"等科目的期末贷方余额填列
应收票据	"应收票据"账户的期末余额－其相应"坏账准备"账户的期末余额	应付票据	根据"应付票据"账户的期末贷方余额填列
应收账款	"应收账款"与"预收账款"明细账期末借方余额之和－其相应的"坏账准备"账户的贷方余额	应付账款	"应付账款"与"预付账款"明细账的期末贷方余额之和
应收款项融资	反映资产负债表日以公允价值计量且其变动计入其他综合收益的应收票据和应收账款等	预收款项	"应收账款"与"预收账款"明细账贷方期末余额之和
预付款项	"应付账款"和"预付账款"明细账借方余额之和－其相应的"坏账准备"账户的期末余额	合同负债	根据"合同负债"明细科目的期末余额填列
其他应收款	"其他应收款"账户的期末余额－其相应的"坏账准备"账户的期末余额	应付职工薪酬	根据"应付职工薪酬"账户的期末贷方余额填列

	期末余额		期末余额
存货	"原材料""在途物资""材料采购""库存商品""周转材料"等存货类科目余额－"受托代销商品款""存货跌价准备"账户期末余额	应交税费	根据"应交税费"账户的期末贷方余额填列
合同资产	"合同资产"明细科目的期末余额	其他应付款	根据"其他应付款"账户的期末余额填列
持有待售资产	"持有待售资产"科目的期末余额－"持有待售资产减值准备"科目的期末余额	持有待售负债	"持有待售资产"科目的期末余额－"持有待售资产减值准备"科目的期末余额
一年内到期的非流动资产	"长期应收款""长期待摊费用"明细账中将于下一年内到期的部分	一年内到期的非流动负债	长期负债在下一年内到期的部分
其他流动资产		其他流动负债	
流动资产合计		流动负债合计	
非流动资产：		**非流动负债：**	
债权投资	"债权投资"相关明细科目期末余额－"债权投资减值准备"科目中相关减值准备的期末余额	长期借款	根据"长期借款"账户的期末余额填列
其他债权投资	根据"其他债权投资"相关明细科目的期末余额填列	应付债券	根据"应付债券"账户的期末余额填列
长期应收款	"长期应收款"账户的期末余额－一年内到期的部分－"未确认融资收益"账户期末余额－其相应的"坏账准备"账户中按长期应收款计提的坏账损失	其中：优先股	
长期股权投资	"长期股权投资"账户的期末借方余额－"长期股权投资减值准备"账户的期末贷方余额	永续债	
其他权益工具投资		租赁负债	根据"租赁负债"科目的期末余额填列

续表

	期末余额		期末余额
其他非流动金融资产		长期应付款	"长期应付款"账户的期末余额－一年内到期部分－"未确认融资费用"账户期末余额
投资性房地产	"投资性房地产"科目的期末余额－"投资性房地产累计折旧（摊销）"和"投资性房地产减值准备"科目余额（成本模式）；或者"投资性房地产"科目的期末余额（公允价值模式）	预计负债	根据"预计负债"账户期末贷方余额填列
固定资产	"固定资产"账户的期末余额－"累计折旧"和"固定资产减值准备"账户期末贷方余额	递延收益	根据"递延收益"科目的期末余额填列
在建工程	"在建工程"账户的期末余额－"在建工程减值准备"账户的期末余额	递延所得税负债	根据"递延所得税负债"账户期末贷方余额填列
工程物资	"工程物资"账户期末余额－"工程物资减值准备"账户期末余额		
生产性生物资产	"生产性生物资产"账户期末余额－"生产性生物资产累计折旧"和"生产性生物资产减值准备"账户期末贷方余额	其他非流动负债	
油气资产	"油气资产"账户的期末余额－"累计折耗"账户期末余额－相应减值准备	非流动负债合计	
使用权资产	"使用权资产"科目的期末余额－"使用权资产累计折旧"和"使用权资产减值准备"科目的期末余额后的金额	负债合计	流动负债合计＋非流动负债合计
无形资产	"无形资产"账户期末借方余额－"累计摊销"和"无形资产减值准备"账户的期末贷方余额	**所有者权益（或股东权益）：**	
开发支出	"研发支出"科目中所属的"资本化支出"明细科目期末余额	实收资本（或股本）	根据"股本（实收资本）"账户的期末贷方余额填列

续表

	期末余额		期末余额
商誉	"商誉"账户期末余额－相应减值准备	其他权益工具	反映资产负债表日企业发行在外的除普通股以外分类为权益工具的金融工具的期末账面价值[1]
长期待摊费用	"长期待摊费用"账户的期末余额－一年内（含一年）摊销的数额	其中：优先股	
递延所得税资产	递延所得税资产账户的余额	永续债	
其他非流动资产		资本公积	根据"资本公积"账户的期末贷方余额填列
非流动资产合计		减：库存股	根据"库存股"账户期末借方余额填列
		其他综合收益	
		专项储备	根据"专项储备"科目的期末余额填列
		盈余公积	根据盈余公积账户的总账科目余额填列
		未分配利润	根据"本年利润"和"利润分配"科目余额计算填列
		所有者权益（或股东权益）合计	实收资本（或股本）＋资本公积＋盈余公积±未分配利润－库存股
资产总计	流动资产合计＋非流动资产合计	负债和所有者权益（或股东权益）总计	负债合计＋所有者权益合计

　　大家可以对照表 7-6，试着填列一下资产负债表，只有通过实践，才能熟练掌握编制方法。

---

[1] 对于资产负债表日企业发行的金融工具，分类为金融负债的，应在"应付债券"项目填列，对于优先股和永续债，还应在"应付债券"项目下的"优先股"项目和"永续债"项目分别填列；分类为权益工具的，应在"其他权益工具"项目填列，对于优先股和永续债，还应在"其他权益工具"项目下的"优先股"项目和"永续债"项目分别填列。

7.2.3 资产负债表日后事项

在编制资产负债表时，会计人员往往会遇到一个令人头痛的问题——资产负债表日。所谓资产负债表日，就是结账和编制资产负债表的日期。为什么资产负债表日会令人头痛呢？

企业的会计年度一般以公历划分，我国《会计法》规定，资产负债表日（结账和编制资产负债表的日期）为每年的 12 月 31 日。但是，中国人习惯在农历年底清账，即很多公司都选择在农历春节之前结清债务。这种做法会造成一个问题：如果年底清账时出现了问题或者造成了损失，应该算在哪一个会计年度呢？

比如，2019 年 10 月，A 公司销售给 B 公司一批产品，货款为 15 万元，B 公司当月收到所购产品并入库。按合同规定，B 公司应该在收到所购产品后一个月内付清货款。但是，由于 B 公司财务状况不佳，直至 12 月 31 日仍未付款。因此，A 公司在编制 2019 年资产负债表时，为该项应收账款提取坏账准备 1 万元，此时该项应收账款在资产负债表上的金额为 14 万元。

2020 年 2 月 25 日，A 公司收到法院通知，B 公司已经宣告破产清算，无力偿还部分货款，A 公司预计可收回应收账款的 50%。这个事项造成的损失应该计入 2019 年会计年度，还是应该计入 2020 年会计年度呢？

回答这个问题是的关键在于财务会计报告批准报告日[1]。假设 A 公司的财务会计报告批准报告为每年的 3 月 31 日。如果上面案例中的事项发生在 2020 年 3 月 31 日之后，则应计入 2020 年会计年度，作为当期事项处理。如果上述事项发生在 2020 年 3 月 31 日之前，则应计入 2019 年会计年度，此时由于资产负债表日（12 月 31 日）已经过去了，所以该事项应该作为资产负债表日后事项处理。

资产负债表日后事项是指自年度资产负债表日至财务会计报告批准报告日发生的有利或不利事项，简称"日后事项"。它是对资产负债表日存在状况的一种补充和说明。资产负债表日后事项如图 7-4 所示。

---

[1] 财务会计报告批准报告日，是指董事会或类似机构批准财务报告报出的日期，通常是指对财务报告的内容负有法律责任的单位或个人批准财务报告向企业外部公布的日期。

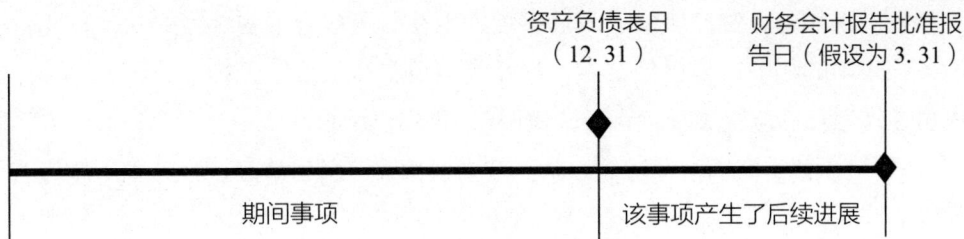

图 7-4 资产负债表日后事项

资产负债表日后事项是企业财务报表的重要组成部分，会计人员应该对其进行正确的会计处理，以保证财务信息的真实性和会计核算的准确性。资产负债表日后事项包括资产负债表日后调整事项（以下简称"调整事项"）和资产负债表日后非调整事项（以下简称"非调整事项"）。

下面，我们通过两个简单的例子来认识一下调整事项和非调整事项。

1. 调整事项

××公司因违约被起诉，截止到 2018 年 12 月 31 日法院仍未判决，但该公司败诉的可能性极大。因此，该公司在 2018 年资产负债表中计入 100 万元的预计负债。2019 年 2 月 15 日（该公司财务报表报出日之前），法院判决该公司败诉，并支付赔偿金 260 万元。

"2019 年 2 月 15 日（该公司财务报表报出日之前），法院判决该公司败诉，并支付赔偿金 260 万元。"对资产负债表日之前的诉讼提供了进一步的证据，确定了××公司败诉事实以及赔偿金额，因此，该事项属于调整事项。调整事项是指对资产负债表日已经存在的情况提供了新的或进一步证据的事项，通常包括以下四项内容：

- 资产负债表日后诉讼案件结案，法院判决证实了企业在资产负债表日已经存在现时义务，需要调整原先确认的与该诉讼案件相关的预计负债，或确认一项新负债；
- 资产负债表日后取得确凿证据，表明某项资产在资产负债表日发生了减值或者需要调整该项资产原先确认的减值金额；
- 资产负债表日后进一步确定了资产负债表日前购入资产的成本或售出资产的收入；
- 资产负债表日后发现了财务报表舞弊或出现差错，需要更正。

我们都知道，资产负债表日后事项发生在财务报表报告年度的次年，此时财务报表中的相关账目已经结转，损益类科目在结账后已无余额。因此，会计人员在处理日后调整事项时，应该遵循以下四个原则：

（1）损益类事项，通过"以前年度损益调整"科目核算。会计人员应将以前年度利润减少、以前年度亏损增加都记入"以前年度损益调整"科目的借方，将以前年度利润增加、以前年度亏损减少记入"以前年度损益调整"科目的贷方；然后，将"以前年度损益调整"科目的贷方或借方余额转入"利润分配——未分配利润"科目。

（2）利润分配事项，直接在"利润分配——未分配利润"科目核算。

（3）不涉及损益及利润分配的事项，调整相关科目。

（4）处理完上述账务后，应同时调整财务报表相关项目的数字，包括资产负债表日编制的财务报表相关项目的期末数或本年发生数、当期编制的财务报表相关项目的期初数或上年数。经过上述调整后，如果涉及财务报表附注内容的，还应做出相应调整。

2. 非调整事项

非调整事项是指表明资产负债表日后发生的情况的事项。非调整事项的发生不影响资产负债表日企业的财务报表数字，只说明资产负债表日后发生了某些情况。但是，某些重要的非调整事项有可能影响资产负债表日以后企业的财务状况和经营成果，如果不加以说明，将会影响财务报表使用者做出正确估计和决策。

比如，A公司采购了一批货物，收到货物后发现，这批货物存在严重质量问题，于是要求退货。经协商未果后，A公司向法院提起诉讼，胜诉的可能性极大，但获取的赔偿金金额不确定。直到A公司财务报表报出日，法院仍未做出判决。该事项虽然发生在资产负债表日后，与资产负债表日存在状况无关，但是对下一个会计年度的财务报表有重大影响。因此，该事项应在财务报表附注中进行披露。

《企业会计准则》要求企业适当披露非调整事项。一般来说，企业应该在财务报表附注中予以披露的非调整事项包括以下内容：

• 资产负债表日后发生重大诉讼、仲裁、承诺；

• 资产负债表日后资产价格、税收政策、外汇汇率发生重大变化；

- 资产负债表日后因自然灾害导致资产发生重大损失；
- 资产负债表日后发行股票、债券以及其他巨额举债；
- 资产负债表日后资本公积转增资本；
- 资产负债表日后发生巨额亏损；
- 资产负债表日后发生企业合并或处置子公司；
- 资产负债表日后，企业利润分配方案中拟分配的，以及经审议批准宣告发放的股利或利润。

会计小课堂

　　区别调整事项还是非调整事项，是对资产负债表日后事项进行账务处理的关键。

　　假如有一个资产负债表日后事项放在我们面前，它究竟是调整事项，还是非调整事项呢？判断依据又是什么呢？其实方法很简单。如果该事项表明的情况在资产负债表日或资产负债表日以前已经存在，就属于调整事项；反之，则属于非调整事项。本节只列举了部分调整事项和非调整事项，在会计实务中，会计人员应该牢记调整事项和非调整事项的判断准则。

　　资产负债表日后事项虽然没有发生在报告年度，但它是企业年度财务报表的一部分，所以，我们要正确处理这些事项，让财务报表更全面地反映企业的财务状况和经营成果。

实操笔记

【写一写】资产负债表中的"预付款项"项目应该如何填列？请在下面写出填列公式。

♻ 7.3 编制利润表的技巧

年底了，张先生想知道自己的超市赚了多少钱？最赚钱的商品有哪些？今年的利润比上一年是否有所增加？经营成本是否增加了？事实上，一张利润表就能够解答张先生的这些疑问。

利润表是反映企业在一定会计期间（年度、半年度、季度、月度）生产经营成果的报表。企业在一定会计期间的生产经营成果有可能是盈利的，也有可能是亏损的，因此，利润表也被称为"损益表"或"收益表"。它可以全面揭示企业在某一特定时期实现的利润或发生的亏损。

利润表是一种动态会计报表，因为它反映了企业在一定期间内的经营资金动态表现。利润表的编制基础是会计恒等式：

利润＝收入－费用

利润表的列示项目取决于收入、费用、利润的具体内容，其基本结构也是在这个会计恒等式的基础上"搭建"的。

7.3.1 利润表的基本结构

目前，普遍使用的利润表的结构有两种：单步式和多步式。利润表的结构如图 7-5 所示。

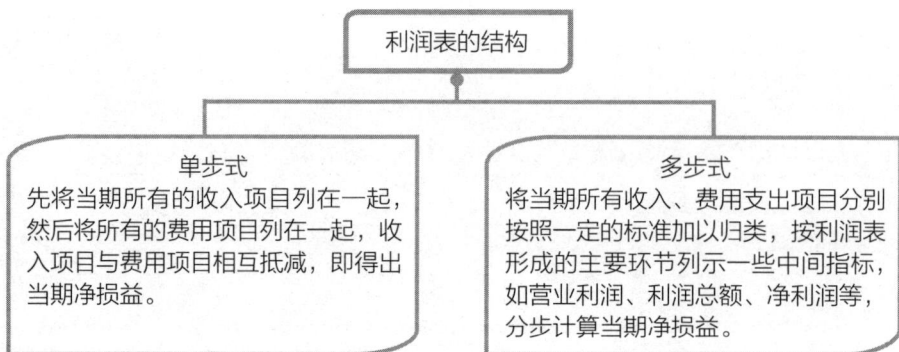

图 7-5 利润表的结构

我国《企业会计制度》规定，企业的利润表应采用多步式。相比单步式利润表，多步式利润表拥有以下三个优势：

第一，多步式利润表可以表明企业一定会计期间的各种耗费情况，如营业成本、税金及附加、销售费用、管理费用、财务费用、营业外支出等。

第二，多步式利润表可以反映企业一定会计期间获得的利润或发生的亏损数额，企业管理人员可据此分析企业的投入和产出比。

第三，多步式利润表可以体现企业一定会计期间收入的实际情况，如实现的营业收入、投资收益、营业外收入等。

会计
小课堂

> 在多步式利润表中，所有的列示项目可以被分为收入、费用和利润三大类。其中，收入类项目按重要性依次列示，如营业收入、利息收入、投资收益等；费用类项目按性质依次列示，如营业成本、税金及附加、销售费用等；利润类项目按构成分类依次列示，如营业利润、利润总额、净利润等。
>
> 我们都知道"利润＝收入－费用"，而利润表中的项目也是按照这一关系来排列的，因此，我们可以从利润表中清晰地看到企业的利润是如何形成的。

7.3.2　利润表的编制方法

利润表包括"项目""本期金额""上期金额"三栏，"项目"栏中列示了表中的各个项目，"本期金额"和"上期金额"则需要财务人员填列。"上期金额"栏的编制方法非常简单，只需根据上期利润表的"本期金额"填列即可。如果本期利润表中有项目和上期不一致的，应先按本期的规定，对上期利润表进行调整，然后再对应填入数字。

"本期金额"栏需要财务人员根据相应总账和明细账科目进行填列和计算。下面，我们来看看利润表应该如何计算与填列。

利润表"本期金额"栏的编制方法如表 7-7 所示，表中"-"表示"减"，"+"表示"加"，"×"表示"乘"，"/"表示"除"。一般来说，会计人员需要根据损益类科目和所有者权益类有关科目的发生额填列。

表 7-7　利润表"本期金额"栏的编制方法

项目	本期金额
一、营业收入	根据"主营业务收入"和"其他业务收入"科目的累计发生额合并填列
减：营业成本	根据"主营业务成本"和"其他业务成本"科目的累计发生额合并填列
税金及附加	根据"税金及附加"科目的发生额分析填列
销售费用	根据"销售费用"科目的发生额分析填列
管理费用	根据"管理费用"科目的发生额分析填列
研发费用	根据"管理费用"科目下的"研究费用"明细科目的发生额，以及"管理费用"科目下的"无形资产摊销"明细科目的发生额分析填列
财务费用	根据"财务费用"科目的发生额分析填列
其中：利息费用	根据"财务费用"科目的相关明细科目的发生额分析填列。该项目作为"财务费用"项目的其中项，以正数填列
利息收入	根据"财务费用"科目的相关明细科目的发生额分析填列。该项目作为"财务费用"项目的其中项，以正数填列
加：其他收益	根据"其他收益"科目的发生额分析填列
投资收益（损失以"-"号填列）	根据"投资收益"科目的发生额分析填列
其中：对联营企业和合营企业的投资收益	对"投资收益"科目的本期发生额进行分析，将其中对联营企业和合营企业的投资损益计算后据实填列
以摊余成本计量的金融资产终止确认收益	根据"投资收益"科目的相关明细科目的发生额分析填列
净敞口套期收益（损失以"-"号填列）	根据"净敞口套期损益"科目的发生额分析填列
公允价值变动收益（损失以"-"号填列）	根据"公允价值变动损益"科目的发生额分析填列
信用减值损失（损失以"-"号填列）	根据"信用减值损失"科目的发生额分析填列

续表

项目	本期金额
资产减值损失（损失以"-"号填列）	资产减值损失 = 资产账面价值 - 资产可收回金额 资产账面价值 = 资产账面余额 - 已提坏账准备
资产处置收益（损失以"-"号填列）	根据在损益类科目新设置的"资产处置损益"科目的发生额分析填列
二、营业利润（亏损以"-"号填列）	
加：营业外收入	根据"营业外收入"科目的发生额分析填列
减：营业外支出	根据"营业外支出"科目的发生额分析填列
三、利润总额（亏损总额以"-"号填列）	
减：所得税费用	所得税费用 = ［会计利润（利润总额）+ 纳税调增项目 - 纳税调减项目］× 适用税率
四、净利润（净亏损以"-"号填列）	
（一）持续经营净利润（净亏损以"-"号填列）	根据《企业会计准则第 42 号——持有待售的非流动资产、处置组和终止经营》的规定填列
（二）终止经营净利润（净亏损以"-"号填列）	
五、其他综合收益的税后净额	实行分类列报的方式，即按照前述其他综合收益的大类项下分子项目进行列示
（一）不能重分类进损益的其他综合收益	
1. 重新计量设定受益计划变动额	根据"其他综合收益"科目的相关明细科目的发生额分析填列
2. 权益法下不能转损益的其他综合收益	根据"其他综合收益"科目的相关明细科目的发生额分析填列
3. 其他权益工具投资公允价值变动	根据"其他综合收益"科目的相关明细科目的发生额分析填列
4. 企业自身信用风险公允价值变动	根据"其他综合收益"科目的相关明细科目的发生额分析填列
（二）将重分类进损益的其他综合收益	
1. 权益法下可转损益的其他综合收益	根据"其他综合收益"科目的相关明细科目的发生额分析填列

续表

项目	本期金额
2. 其他债权投资公允价值变动	根据"其他综合收益"科目下的相关明细科目的发生额分析填列
3. 金融资产重分类计入其他综合收益的金额	根据"其他综合收益"科目下的相关明细科目的发生额分析填列
4. 其他债权投资信用减值准备	根据"其他综合收益"科目下的"信用减值准备"明细科目的发生额分析填列
5. 现金流量套期储备	根据"其他综合收益"科目下的"套期储备"明细科目的发生额分析填列
6. 外币财务报表折算差额	根据"其他综合收益" 科目的相关明细科目的发生额分析填列
六、综合收益总额	
七、每股收益	每股收益＝利润／总股数
（一）基本每股收益	基本每股收益＝归属于普通股股东的当期净利润／发行在外普通股的加权平均数
（二）稀释每股收益	以基本每股收益为基础，假设企业所有发行在外的稀释性潜在普通股均已转换为普通股，从而分别调整归属于普通股股东的当期净利润，以及发行在外普通股的加权平均数计算而得的每股收益

从前文中可知，在多步式利润表中，当期净损益是逐步计算的。因此，在填列表 7-7 中的项目后，我们还要计算出营业利润、利润总额、净利润、其他综合收益的税后净额和综合收益总额等重要损益项目。利润表中重要损益项目的计算方法如表 7-8 所示。

表 7-8　利润表中重要损益项目的计算方法

利润表中重要损益项目	计算方法
营业利润	营业利润＝营业收入－营业成本－税金及附加－销售费用－管理费用－研发费用－财务费用－利息费用－资产减值损失－信用减值损失＋利息收入＋其他收益＋以摊余成本计量的金融资产确认终止收益 ± 投资收益（损失）± 净敞口套期收益（损失）± 公允价值变动收益（损失）± 资产处置收益（损失）

续表

利润表中重要损益项目	计算方法
利润总额	利润总额＝营业利润＋营业外收入－营业外支出
净利润	净利润＝利润总额－所得税费用
其他综合收益的税后净额	其他综合收益的税后净额＝未在损益中确认的各项利得－损失－所得税影响
综合收益总额	综合收益总额＝企业净利润与其他综合收益的税后净额的合计金额

　　会计人员在编制利润表时，不仅要牢记五大主要项目的计算方法，还要仔细对照各损益科目的账户发生额来分析填列其他项目，做到真实和准确。

实操笔记

【单选题】在利润表中，利润总额减去（　　），得到净利润。

A. 应交所得税　　　　　　　　B. 利润分配数

C. 销售费用　　　　　　　　　D. 所得税费用

答案：D

♻ 7.4　编制现金流量表的技巧

企业每天都有支出，收入却不是天天都有。如果没有充足的、可支配的资金，企业的运营很有可能陷入困境。在吸取无数经验和教训后，管理者们都十分重视企业的现金流管理。现金流量表就是企业现金流的"体检报告"，可以反映出企业资产的好坏，以及现金流的"健康"状况。

7.4.1　认识现金流量表中的现金

现金流量表是反映企业某一会计期间内现金和现金等价物流入和流出的报表，表明企业获得现金和现金等价物的能力。现金流量表是以现金为基础编制的，这里的现金是指企业的库存现金、银行存款、现金等价物。

1. 库存现金

库存现金是企业所持有的、可以随时用于支付的现金，与会计核算中的"现金"科目所包含的内容一致。

2. 银行存款

银行存款是指企业存放在银行等金融机构的货币资金，但是这些资金必须是随时可用于支付的。会计核算中的"银行存款"科目包括可以随时用于支付的存款，以及提前通知银行等金融机构就能支取的定期存款，这部分资金属于现金流量表中的"现金"；还包括不能随时用于支付，也不能提前支取的存款，这部分资金不属于现金流量表中的"现金"。

3. 现金等价物

现金等价物是指企业持有的、易于转换为已知金额现金、价值变动很小、期限短、流动性强的投资，通常指购买将在 3 个月内或更短时间内到期、可转换为现金的投资。比如，即将到期的应收票据、交易性金融投资等。

例如，2020 年 4 月，某企业利用闲置资金购买了 2018 年 6 月 1 日发行的、期限为 2 年的国债，购买时距离到期日还有一个多月，这项投资就属于现金等价物。

会计
小课堂

世界上有许多国家都要求企业编制现金流量表，我国《企业会计准则第 31 号——现金流量表》也对现金流量表的编制方法和要求做出规定。现金流量表已成为我国企业对外报送的重要报表的主表之一，对国内企业开展跨国经营、境外筹资起到十分重要的作用。

在学习编制现金流量表之前，我们应该先了解它的基本形式和构成。下面，我们来看看我国现行一般企业现金流量表的基本结构。

7.4.2　现金流量表的基本结构

现金流量表一般分为主表和补充资料，本章第一节已经给出了现金流量表主表的样式（表 7-3）。除了主表反映的内容，现金流量表补充资料中应披露的信息如图 7-6 所示。

图 7-6　现金流量表补充资料中应披露的信息

1　将净利润调节为经营活动现金流量
2　不涉及现金收支的投资与筹资活动
3　现金及现金等价物净增加情况

我们将在后文中详细介绍现金流量表补充资料的具体编制方法，这里就不再展开了。

在现金流量表的主表中，企业的现金流量被分为三类：

· 经营活动产生的现金流量；

- 投资活动产生的现金流量；
- 筹资活动产生的现金流量。

这三类现金流量也是现金流量表的主要构成部分，我们可以通过它们了解企业各项业务产生的现金流。

1. 经营活动产生的现金流量

经营活动产生的现金流量主要包括因销售商品或提供劳务、购买商品或接受劳务、支付工资、交纳税款等事项流入和流出的现金和现金等价物。

经营活动是指企业投资活动和筹资活动以外的所有交易和事项。由于行业不同，企业对经营活动的认定也有所不同。

比如，工商企业 [1] 的经营活动主要包括销售商品、提供劳务、购买商品、接受劳务、支付税费等；商业银行的经营活动主要包括吸收存款、发放贷款、同业存放、同业拆借等；保险公司的经营活动主要包括原保险 [2] 业务和再保险 [3] 业务。

2. 投资活动产生的现金流量

投资活动产生的现金流量主要包括因投资、购建和处置固定资产、无形资产、处置子公司及其他营业单位等事项流入和流出的现金和现金等价物。

投资活动是指企业长期资产的购建，以及不包括在现金等价物范围内的投资及其处置活动。长期资产包括无形资产、固定资产、在建资产、其他资产等持有期限在一年或一年以上的资产。

不同行业对投资活动的认定也有所不同。比如对工商企业来说，因交易性金融资产而产生的现金流量属于投资活动产生的现金流量；对证券公司来说，它却属于经营活动产生的现金流量。

3. 筹资活动产生的现金流量

筹资活动产生的现金流量主要包括因吸收投资、借款、融资、发行股票、分配利润、偿还债务等事项流入和流出的现金和现金等价物。

---

[1] 工商企业是指从事产品生产和提供服务活动的营利性的经济组织。

[2] 原保险又称第一次保险，是指保险人对被保险人因保险事故所致的损失直接承担原始赔偿责任的保险。

[3] 再保险也称分保，是保险人在原保险合同的基础上，通过签订分保合同，将其所承保的部分风险和责任向其他保险人办理保险的行为，即保险的保险；或视为保险人之间的责任分担，即分保。

筹资活动是指导致企业资本及债务规模和构成发生变化的活动。资本既包括实收资本 [1]，也包括资本溢价 [2]；债务则专指外债，包括向银行借款、发行债券等。

7.4.3 现金流量表的编制方法

在着手编制现金流量表之前，我们不妨先回顾一下财务报表的前两张表，即资产负债表中的数字反映资产、负债和所有者权益的期末余额，而利润表则反映企业损益类项目的发生额。从前文中我们了解到，现金流量表与资产负债表和利润表之间均存在勾稽关系，因此财务人员在编制现金流量表时应该结合前两张表，综合考虑资产负债表的余额、发生额和利润表的发生额。

由于现金流量表的特殊性，我们在编制它时，需要用到两种方法：直接法和间接法。

1. 用直接法编制现金流量表主表

直接法就是通过现金收入和现金支出的主要类别反映来自企业经营活动的现金流量。

我们都知道，现金流量表的项目可分为经营活动产生的现金流量、投资活动产生的现金流量、筹资活动产生的现金流量三大类。用直接法编制现金流量表时，投资、筹资活动产生的现金流量比较容易计算，只要理解项目由哪些业务构成，就可以直接计算出来。

经营活动产生的现金流量比较复杂，会计人员在核算时必须严谨、仔细，相关信息可以通过企业的会计记录直接获得，也可以通过调整利润表中与经营活动相关的项目获得。企业经营活动现金流量的信息来源如图 7-7 所示。

---

[1] 实收资本指企业实际收到的投资人投入的资本。按投资主体可分为国家资本、集体资本、法人资本、个人资本、港澳台资本和外商资本等。
[2] 资本溢价指有限责任公司投资者交付的出资额大于按合同、协议所规定的出资比例计算的部分，是资本公积金的组成之一。

1. 企业的会计记录
2. 根据以下项目对利润表中的营业收入、营业成本以及其他项目进行调整： （1）当期存货及经营性应收和应付项目的变动； （2）固定资产折旧、无形资产摊销等其他非现金项目； （3）其现金影响属于投资或筹资活动现金流量的其他项目。

图 7-7　企业经营活动现金流量的信息来源

　　直接法能够全面地反映企业一定时期内的现金收支全貌，相比间接法，直接法编制的现金流量表更为精准，因此我国颁布的《企业会计制度》要求企业运用直接法编制现金流量表主表。

　　现金流量表主表分为三栏：第一栏是"项目"，其中列示了各个项目；第二栏是"本期金额"，需经计算和分析后填列；第三栏是"上期金额"，只需根据上期现金流量表的"本期金额"栏的数字填写即可。现金流量表（主表）"本期余额"栏的编制方法如表 7-9 所示，表中"−"表示"减"，"+"表示"加"，"×"表示"乘"，"/"表示"除"。

表 7-9　现金流量表（主表）"本期金额"栏的编制方法

项目	编制方法
一、经营活动产生的现金流量：	
销售商品、提供劳务收到的现金	根据"主营业务收入""其他业务收入""应收账款""应收票据""预收账款""库存现金""银行存款"等账户分析填列，其计算公式为： 销售商品、提供劳务收到的现金＝本期营业收入净额＋本期应收账款减少额（−本期应收账款增加额）＋本期应收票据减少额（−本期应收票据增加额）＋本期预收账款增加额（−本期预收账款减少额） （如果本期有实际核销的坏账损失，也应减去）
收到的税费返还	根据"库存现金""银行存款""应交税费""税金及附加"等账户的记录分析填列
收到其他与经营活动有关的现金	根据"营业外收入""营业外支出""库存现金""银行存款""其他应收款"等账户的记录分析填列
经营活动现金流入小计	

续表

项目	编制方法
购买商品、接受劳务支付的现金	根据"应付账款""应付票据""预付账款""库存现金""银行存款""主营业务成本""其他业务成本""存货"等账户的记录分析填列，其计算公式为： 购买商品、接受劳务支付的现金＝营业成本＋本期存货增加额（－本期存货减少额）＋本期应付账款减少额（－本期应付账款增加额）＋本期应付票据减少额（－本期应付票据增加额）＋本期预付账款增加额（－本期预付账款减少额）
支付给职工及为职工支付的现金	根据"库存现金""银行存款""应付职工薪酬""生产成本"等账户的记录分析填列
支付的各项税费	根据"应交税费""库存现金""银行存款"等账户的记录分析填列
支付其他与经营活动有关的现金	根据"管理费用""销售费用""营业外支出"等账户的记录分析填列
经营活动现金流出小计	
经营活动产生的现金流量净额	经营活动现金流入小计－经营活动流出小计
二、投资活动产生的现金流量：	
收回投资收到的现金	根据"交易性金融资产""长期股权投资""库存现金""银行存款"等账户的记录分析填列
取得投资收益收到的现金	根据"投资收益""库存现金""银行存款"等账户的记录分析填列
处置固定资产、无形资产和其他长期资产收回的现金净额	根据"固定资产清理""库存现金""银行存款"等账户的记录分析填列。如果该项目所收回的现金净额为负数，应在"支付其他与投资活动有关的现金"项目填列
处置子公司及其他营业单位收到的现金净额	在丧失对子公司和其他营业单位控制权（因而不再将其纳入合并报表范围）的当期，所收到的处置现金对价减去该子公司和其他营业单位在处置日所持有的现金及现金等价物以及相关处置费用之后的净额
收到其他与投资活动有关的现金	根据"库存现金""银行存款"和其他有关账户的记录分析填列
投资活动现金流入小计	

项目	编制方法
购建固定资产、无形资产和其他长期资产支付的现金	根据"固定资产""无形资产""在建工程""库存现金""银行存款"等账户的记录分析填列
投资支付的现金	根据"交易性金融资产""长期股权投资""持有至到期投资""库存现金""银行存款"等账户记录分析填列
取得子公司及其他营业单位支付的现金净额	在合并报表中：应当列报为"支付其他与筹资活动有关的现金"，不使用"取得子公司及其他营业单位支付的现金净额"项目 在个别报表中：同一控制下控股合并中合并方支付的现金对价，应当列报为"投资所支付的现金"；同一控制下吸收合并或业务合并的合并方支付的现金对价减去被合并方于合并日持有的现金及现金等价物余额后的差额，应当列报为"取得子公司或其他营业单位支付的现金净额"
支付其他与投资活动有关的现金	根据"库存现金""银行存款""应收股利""应收利息"等账户的记录分析填列
投资活动现金流出小计	
投资活动产生的现金流量净额	投资活动现金流入小计 – 投资活动流出小计
三、筹资活动产生的现金流量：	
吸收投资收到的现金	根据"实收资本（或股本）""应付债券""库存现金""银行存款"等账户的记录分析填列
取得借款收到的现金	根据"短期借款""长期借款""银行存款"等账户的记录分析填列
收到其他与筹资活动有关的现金	根据"库存现金""银行存款"和其他有关账户的记录分析填列
筹资活动现金流入小计	
偿还债务支付的现金	根据"短期借款""长期借款""应付债券""库存现金""银行存款"等账户的记录分析填列
分配股利、利润或偿付利息支付的现金	根据"应付股利（或应付利润）""财务费用""长期借款""应付债券""库存现金""银行存款"等账户的记录分析填列
支付其他与筹资活动有关的现金	根据"库存现金""银行存款"和其他有关账户的记录分析填列
筹资活动现金流出小计	

项目	编制方法
筹资活动产生的现金流量净额	筹资活动现金流入小计 − 筹资活动流出小计
四、汇率变动对现金及现金等价物的影响	企业的外币现金流量发生日所采用的汇率与期末汇率的差额对现金的影响数额
五、现金及现金等价物净增加额	经营活动产生的现金流量净额 ＋ 投资活动产生的现金流量净额 ＋ 筹资活动产生的现金流量净额 ＋ 汇率变动对现金的影响
加：期初现金及现金等价物余额	
六、期末现金及现金等价物余额	现金等价物净增加额 ＋ 期初现金及现金等价物金额

2. 用间接法编制现金流量表补充资料

现金流量表的主表要用直接法编制，其补充资料则要用间接法来编制。

间接法就是通过将企业非现金交易、过去或未来经营活动产生的现金收入或支出的递延或应计项目，以及与投资或筹资活动产生的现金流量相关的收益或费用项目对净损益的影响进行调整来反映企业经营活动所形成的现金流量。

用间接法编制现金流量表的补充资料时，应该以利润表上的净利润为起点，通过调整某些相关项目后得出经营活动产生的现金流量。现金流量表补充资料的编制方法和披露原则如表 7-10 所示，表中"−"表示"减"，"＋"代表"加"，"×"表示"乘"，"/"表示"除"。

表 7-10 现金流量表补充资料的编制方法和披露原则

将净利润调节为经营活动现金流量	编制方法和披露原则
净利润	根据利润表净利润数填列
加：资产减值准备	计提的资产减值准备 ＝ 本期计提的各项资产减值准备发生额累计数 （直接核销的坏账损失，不计入）
固定资产折旧、油气资产折耗、生产性生物性	固定资产折旧 ＝ 制造费用中折旧 ＋ 管理费用中折旧 或者 ＝ 累计折旧期末数 − 累计折旧期初数 （未考虑因固定资产对外投资而减少的折旧）

将净利润调节为经营活动现金流量	编制方法和披露原则
资产折旧	资产折旧＝制造费用中折旧＋管理费用中折旧 或者＝累计折旧期末数－累计折旧期初数 （未考虑因固定资产对外投资而减少的折旧）
无形资产摊销	无形资产摊销＝无形资产（期初数－期末数） 或者＝无形资产贷方发生额累计数 （未考虑因无形资产对外投资减少）
长期待摊费用摊销	长期待摊费用摊销＝长期待摊费用（期初数－期末数） 或者＝长期待摊费用贷方发生额累计数
处置固定资产、无形资产和其他长期资产的损失（收益以"－"号填列）	根据固定资产清理及营业外支出（或收入）明细账分析填列
固定资产报废损失（收益以"－"号填列）	根据固定资产清理及营业外支出明细账分析填列
公允价值变动损失（收益以"－"号填列）	公允价值变动损失使净利润减少，但这部分损失并没有影响经营活动现金流量，所以应在调整时加回
财务费用（收益以"－"号填列）	财务费用＝利息支出－应收票据的贴现利息
投资损失（收益以"－"号填列）	投资损失（减：收益）＝投资收益（借方余额正号填列，贷方余额负号填列）
递延所得税资产减少（增加以"－"号填列）	根据"递延所得税资产"项目的期初、期末余额分析填列
递延所得税负债增加（减少以"－"号填列）	
存货减少（增加以"－"号填列）	存货的减少（减：增加）＝存货（期初数－期末数） （未考虑存货对外投资的减少）
经营性应收项目减少（增加以"－"号填列）	经营性应收项目的减少（减：增加）＝应收账款（期初数－期末数）＋应收票据（期初数－期末数）＋预付账款（期初数－期末数）＋其他应收款（期初数－期末数）＋待摊费用（期初数－期末数）－坏账准备期末余额
经营性应付项目增加（减少以"－"填列）	经营性应付项目的增加（减：减少）＝应付账款（期末数－期初数）＋预收账款（期末数－期初数）＋应付票据（期末数－期初数）＋应付工资（期末数－期初数）＋应付福利费（期末数－期初数）＋应交税金（期末数－期初数）－其他应交款（期末数－期初数）
其他	

续表

将净利润调节为经营活动现金流量	编制方法和披露原则
经营活动产生的现金流量净额	
不涉及现金收支的投资和筹资活动	
债务转资本	
一年内到期的可转换公司债券	按要求披露
融资租入固定资产	
现金及现金等价物净增加情况	
现金的期末余额	现金的期末余额＝资产负债表"货币资金"期末余额
减：现金的期初余额	现金的期初余额＝资产负债表"货币资金"期初余额
加：现金等价物的期末余额	一般企业很少有现金等价物，如有，则相应填列和计算
减：现金等价物的期初余额	
现金及现金等价物净增加额	现金及现金等价物的净增加额＝现金的期末余额－现金的期初余额

在实际工作中，现金流量表补充资料是比较容易出错的，会计人员在编制时要特别注意保证其准确性。

实操笔记

【单选题】现金流量表中，现金流量的三大类型是（　　）。

A. 现金流入、现金流出和流入流出净额

B. 期初余额、期末余额和当期发生额

C. 投资活动现金流量、经营活动现金流量和筹资活动现金流量

D. 营业收入、净利润和营业活动现金流量

答案：C

♻ 7.5　编制所有者权益变动表的技巧

　　唐先生是一家公司的管理者兼股东。他很关心公司的所有者权益变动情况，因为所有者权益不仅关系到他自身的利益，还关系到他在公司里的话语权。所有者权益变动表恰好可以反映出企业所有者权益的变动情况。

　　所有者权益变动表是反映当期（年度或中期）内所有者权益变动情况的报表，应当全面地反映一定时期所有者权益变动的情况。新会计准则规定，企业应当在所有者权益变动表中反映下列信息：

- 　所有者权益总量的增减变动；
- 　所有者权益增减变动的重要结构性信息；
- 　直接计入所有者权益的利得和损失。

　　只有包含以上三类信息的所有者权益变动表才能完整、准确地呈现所有者权益总量增减变动的信息，以及所有者权益增减变动的结构性信息，让报表使用者理解所有者权益变动的根源。

7.5.1　所有者权益变动表的基本结构

　　所有者权益变动表的样式与资产负债表、利润表和现金流量表有所不同，该表的横向与纵向都列示了多个项目。它是一张动态报表，自上而下地反映了各项目年初至年末的增减情况，从左到右地列示了所有者权益的构成项目。

　　所有者权益变动表包括表头、主表两部分。表头的内容包括报表名称、编制单位、日期、货币单位。

　　正表是以矩阵形式列示的，这种列示方式一方面从所有者权益变动的来源对一定时期所有者权益变动情况进行全面反映，另一方面按照所有者权益的各个组成部分（包括实收资本、其他权益工具、资本公积、库存股、其他综合收益、专项储备、盈余公积、未分配利润）及其总额列示交易或事项对所有者权益的影响。

所有者权益变动表还将各项目按"本年金额"和"上年金额"两栏分别列示，以便报表使用者对本年数据和上年数据进行对比分析。

7.5.2　所有者权益变动表的逻辑关系

所有者权益变动表是一张局部报表，不能像其他财务报表那样反映企业完整的财务状况和经营成果，只能反映比较有限的内容。因此，所有者权益变动表的编制方法比较简单，大家只要重点掌握其中的逻辑关系即可。

所有者权益变动表的逻辑关系可以归纳为以下三个公式：

本年年末余额＝本年年初余额＋本年增减变动金额

本年年初余额＝上年年末余额＋会计政策变更＋前期差错更正

本年增减变动金额＝净利润＋直接计入所有者权益的利得和损失＋所有者投入和减少资本＋利润分配＋所有者权益内部结转

为了让大家更好地理解以上逻辑关系，我们来举一个简单的例子。

A 公司 2019 年年初的实收资本为 500 万元，盈余公积为 12 万元，未分配利润为 95 万元，合计为 607 万元；未发生会计政策变更和前期差错更正事项，2019 年从外部吸收资本 150 万元，净利润为 80 万元，根据相关法律规定计提盈余公积 8 万元，无其他所有者权益变动事项。

我们应该如何厘清这些数据之间的逻辑关系呢？

首先，因为"本年年末余额＝本年年初余额＋本年增减变动金额"，而 2019 年 A 公司"未发生会计政策变更和前期差错更正事项"，因此该公司的"本年年初余额"与"上年年末余额"相等。

其次，由于 2019 年 A 公司吸收外部资本 150 万元，因此所有者投入资本的变动额为 150 万元。由于净利润为 80 万元，按 10% 的比例提取盈余公积 8 万元，因此盈余公积的变动额为 8 万元。由于未分配利润变动额等于净利润（+80 万元）与盈余公积（-8 万元）共同构成，因此本期变动金额为 72 万元。

由以上计算步骤可得：

2019 年实收资本（或股本）的年末余额 =500+150=650（万元）

2019 年盈余公积的年末余额 =12+8=20（万元）

2019 年未分配利润的年末余额 =95+72=167（万元）

2019 年所有者权益合计的年末余额 = 上述项目的年末余额之和 =650+
20+167=837（万元）

只有理解了所有者权益变动表的逻辑关系，我们才能正确编制这张表。

7.5.3 所有者权益变动表的编制方法

所有者权益变动表的各个项目均需填列"本年金额"和"上年金额"两栏，
其中"上年金额"栏根据上年度所有者权益变动表中的"本年金额"栏的数字填
列。上年度所有者权益变动表中的项目与本年度不一致的，应按照本年度的规
定，对上年度的报表进行调整后再填列。

下面我们来看看"本年金额"栏的编制方法。"本年金额"栏的各项数字
一般根据"实收资本（或股本）""其他权益工具""资本公积""库存股""其
他综合收益""专项储备""盈余公积""未利润分配"等科目的发生额分析填列。
下面为大家列举几个主要项目的编制方法。

1. 综合收益总额

该项目应填列的数字是净利润与其他综合收益扣除所得税影响后的净额相
加后的合计金额。

2. 所有者投入和减少资本

该项目反映企业当年所有者投入和减少的资本，其中"所有者投入的普通
股""其他权益工具持有者投入资本"应根据"实收资本""资本公积"等科
目的发生额分析填列，"股份支付计入所有者权益的金额"应根据"资本公积"
科目所属的"其他资本公积"二级科目的发生额分析填列。

会计
小课堂

旧会计制度主要调整资产负债表的期初余额、利润表上期金额
的相关被影响项目，以及利润分配表的"年初未分配利润"项目，
并在财务报表附注中披露，容易被报表使用者忽视；而新会计准则
在所有者权益变动表上直接列示"会计政策变更"和"前期差错更
正"两项，使其对所有者权益的影响变得一目了然。

3. 利润分配

该项目反映当年对所有者（或股东）分配的利润（或股利）金额和按照规定提取的盈余公积金额，并对应填列在"未分配利润"和"盈余公积"栏。其中，"提取盈余公积"项目，反映企业按照规定提取的盈余公积；"对所有者（或股东）的分配"项目，反映对所有者（或股东）分配的利润（或股利）金额。

4. 所有者权益内部结转

所有者权益内部结转是指不影响所有者权益总额、所有者权益各组成部分当期的增减变动。它包括资本公积转增资本（或股本）、盈余公积转增资本（或股本）、盈余公积弥补亏损、设定受益计划变动额结转留存收益、其他综合收益结转留存收益，按相关科目的发生额填写。

所有者权益变动表的编制方法比较简单，一般按相关科目的发生额填写即可，最重要的是掌握表中的逻辑关系。

实操笔记

【写一写】请写出代表所有者权益变动表中逻辑关系的三个公式。

♻ 7.6 编制财务报表附注的技巧

财务报表是最精练的财务语言，是对企业财务状况和经营成果最简洁、最精确的表达。但是，对于一家企业来说，总有一些内容是无法反映在财务报表四大主表中的，因此，需要财务报表附注来对这部分内容进行补充和完善。

7.6.1 财务报表附注的基本结构

1. 企业的基本情况

企业基本情况包括企业注册地、组织形式和总部地址，企业的业务性质和主要经营活动，如企业所处的行业、所提供的主要产品或服务、客户的性质、销售策略、监管环境的性质等。此外，母公司及集团最终母公司的名称、财务报告的批准报出者和财务报告批准报出日也必须在财务报表附注中体现出来。

2. 财务报表的编制基础

财务报表的编制基础分为两种，一是在持续经营基础上编制，二是在非持续经营基础上编制。一般企业都是在持续经营基础上编制财务报表的，而破产、清算则属于非持续经营基础。

3. 遵循企业会计准则的声明

遵循企业会计准则声明的作用是，表明企业编制的财务报表符合《企业会计准则》的要求，真实、完整地反映了企业的财务状况、经营成果等有关信息。该声明可以明确企业编制财务报表所依据的制度。如果企业编制的财务报表只是部分地遵循了企业会计准则，则附注中不得做出这种表述。

4. 重要会计政策和会计估计

《企业会计准则第 30 号——财务报表列报》（以下简称《财务报表列报准则》）规定，企业应当披露采用的重要会计政策和会计估计，不重要的会计政策和会计估计可以不披露。

（1）重要会计政策的说明

由于企业经济业务的复杂性和多样化，某些经济业务可以有多种会计处理方法，也就是说，存在不止一种可供选择的会计政策。比如，存货的计价可以采用先进先出法、加权平均法、个别计价法等。因此，企业要在财务报表附注中说明自己在处理某些项目时选择的会计政策。选择不同的会计处理方法，可能会极大地影响财务报表的编制。为了让报表使用者更好理解财务报表，企业必须对重要会计政策进行披露。

需要特别指出的是，说明会计政策时还应当披露"财务报表项目的计量基础"和"会计政策的确定依据"，前者说明报表中项目的计量基础，后者说明企业选择和运用会计政策的背景。披露这两项内容，可以增强财务报表的可理解性。

（2）重要会计估计的说明

《财务报表列报准则》规定，企业应当披露会计估计中所采用的关键假设和不确定因素的确定依据。比如，为正在进行中的诉讼提取准备时，最佳估计数的确定依据等。这些关键假设和不确定因素在下一会计期间内很可能导致对资产、负债账面价值的重大调整，因此，披露这项内容有助于提高财务报表的可理解性。

会计
小课堂

企业应当按照《企业会计准则第28号——会计政策、会计估计变更和差错更正》及其应用指南的规定，披露会计政策和会计估计变更以及差错更正的有关情况。

5. 报表重要项目的说明

企业应当尽可能以列表形式披露报表重要项目的说明，包括该项目的构成、当期增减变动情况等；并且，报表重要项目的明细金额合计，应当与报表项目金额相衔接。在披露顺序上，一般应当按照资产负债表、利润表、现金流量表、所有者权益变动表的顺序及其项目列示的顺序。

6.其他需要说明的重要事项

主要包括或有和承诺事项、资产负债表日后非调整事项、关联方关系及其交易等，具体的披露要求须遵循相关准则的规定。

7.6.2　财务报表附注的编制方法

会计人员在编制财务报表附注时，要保证披露内容的适当性，不能披露商业机密，格式内容需保持前后一致。财务报表附注的编制要求如图7-8所示。

要求 1
财务报表附注披露的信息应当是定量、定性信息的结合，表现为明细资料和文字描述。从量和质两个角度对企业的经济事项进行完整的反映。

要求 2
财务报表附注应当按照一定的结构进行系统合理的排列和分类，有顺序地披露信息，做到条理清晰，并具有一定的组织结构。

要求 3
财务报表附注相关信息应当与资产负债表、利润表和现金流量表等报表中列示的项目相互参照。

图7-8　财务报表附注的编制要求

以上三个要求有助于报表使用者理解财务报表中反映的信息，可以让财务报表发挥出应有的价值。

财务报表附注是财务报表的最后一部分内容，虽然它的作用只是对财务报表的未尽事宜做出解释和补充说明，却是财务报表不可或缺的一部分。就像纪录片离不开画外音，论文离不开注释，财务报表也离不开财务报表附注。

实操笔记

【写一写】在财务报表附注中，"重要会计政策和会计估计"应披露哪些内容？请在下面写出来。

_____

_____

第二部分
会计工作实务

第 8 章

财产清查：盘点财产物资，摸清企业"家底"

想要摸清企业"家底"，查清企业的财产物资实存数量与账面数量是否一致，就要进行财产清查。会计人员应根据财产物资的不同，选择不同的清查方法和清查结果处理方法。

♺8.1 认识财产清查

2019 年年末，A 公司开展了财产清查工作。通过这次清查，该公司发现了不少账实不符之处，也盘点出了很多已经老化、损毁的固定资产。企业的账簿可能出现登记错误、库存的物资可能发生损毁，为了查出这些错误和损失，做到账实相符，企业应该定期进行财产清查。

财产清查就是对货币资金、实物资产和债权债务等进行盘点或核对，检查其实有数与账存数是否相符。若账实不符，应查明原因。财产清查的形式多种多样，按清查范围可以分为全面清查和局部清查，按清查时间可以分为定期清查和不定期清查。财产清查的分类如图 8-1 所示。

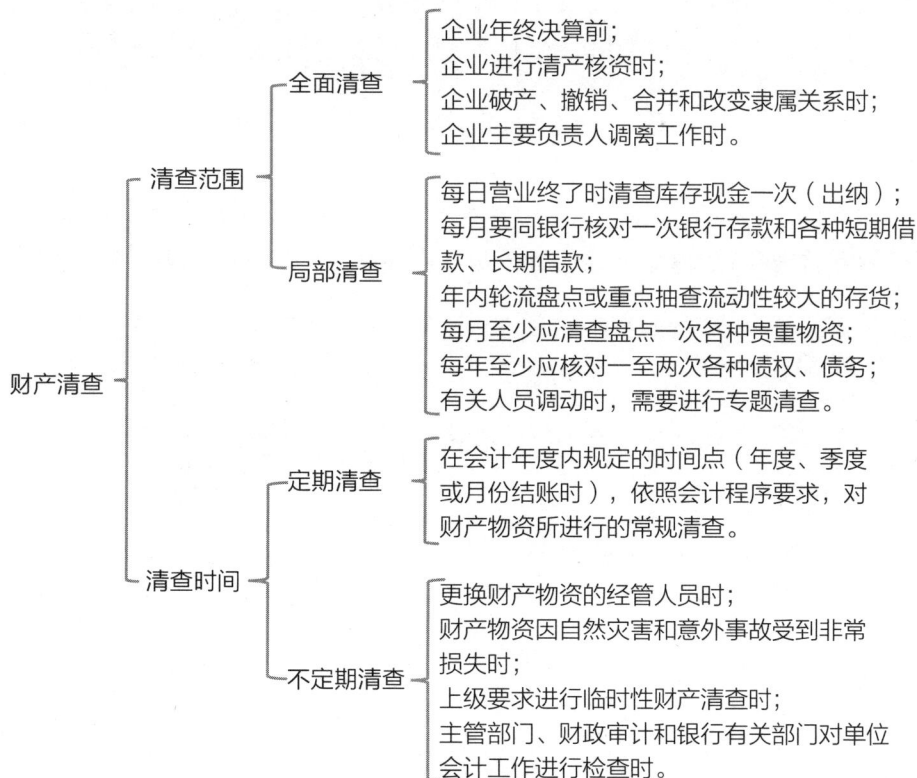

图 8-1 财产清查的分类

　　财产清查是企业财务工作中的重要一环，只有通过财产清查，我们才能摸清企业财产物资和债权债务的真实情况，才能正常开展会计核算。具体来说，财产清查的作用和意义可以归纳为以下三点：

- 可以查明各项财产物资的实有数量，确定实有数量与账面数量的差异，并进一步查明原因和明确责任；
- 可以查明各项财产物资的保管情况是否良好，有无因管理不善造成霉烂、变质、损失、浪费，或者被非法挪用、贪污盗窃的情况；
- 可以查明各项财产物资的库存和使用情况，合理安排生产经营活动，充分利用各项财产物资，加速资金周转，提高资金使用效率。

　　在实际工作中，造成账实不符的原因有很多，会计人员要通过财产清查找出主、客观原因，分清责任。财产清查是一项操作时间长、涉及范围广、所需人手多的工作。财产清查的流程如图 8-2 所示。

建立财产清查组织 ➡ 确定清查对象和范围 ➡ 制订清查方案 ➡ 先查数量，后定质量 ➡ 填制盘存清单 ➡ 填制清查结果报告

图 8-2　财产清查的流程

　　财产清查工作需要会计人员、出纳人员和库管人员的配合协作才能完成，是企业财务管理中的大事。每个会计人员都应该掌握财产清查的基本方法。

实操笔记

【写一写】企业在哪些情况下需要进行局部财产清查？请在下面写出来。

_____

_____

_____

♻ **8.2   财产清查的方法**

财产清查工作可以分为货币资金的清查、实物的清查和往来款项的清查。在学习财产清查方法之前，会计人员应该先了解一般企业的财产清查制度。

8.2.1   财产清查制度

在企业中，财产清查制度一般为"实地盘存制"或"永续盘存制"。

1. 实地盘存制

实地盘存制是一种以实物盘点的结果为依据来确认财产物资结存数量的方法。在实地盘存制下，会计人员平时只在有关账户中登记财产物资的增加数，到了期末，再对财产物资进行实地盘点，然后根据盘点所得的实存数倒推出本期的减少数，其计算公式为：

本期减少数 = 期初账面结存数 + 本期账面增加数 − 期末盘点实存数

实地盘存制最大的优点就是简化核算手续、降低工作量，但它的缺点也很明显，即实地盘存制无法随时反映财产物资的收、发、结、存动态，不能通过账簿记录来加强财产物资管理工作。

2. 永续盘存制

永续盘存制又称"账面盘存制"，是一种以账簿记录为依据来确认财产物资结存数量的方法。在永续盘存制下，会计人员要根据会计凭证，在有关账簿中对各项财产物资的增减变动数进行连续登记。企业可以根据账面记录确认财产物资的盘盈和盘亏，再通过调整账面记录，实现账实相符。

永续盘存制的优点是，可以通过账簿随时了解各种财产物资的收入、发出和结存情况，有利于加强财产物资的管理。它的缺点是核算工作量较大，需要投入较多的人力。

盘点了物资数量后，会计人员还要根据财产物资单位成本计算出财产物资的账面结存金额，其计算公式为：

账面结存金额 = 财产物资的账面结存数量 × 财产物资的单位成本

不过，在实际工作中，即使是同一种财产物资，不同批次的单位采购成本也有可能是不同的，因此，会计人员在确定财务资产单位成本时，要使用不同的成本计价方法，如个别计价法、先进先出法、月末一次加权平均法和移动加权平均法等。前文已经介绍过以上四种计价方法（见 6.4 节），这里就不再赘述了。

财产清查是一项细致而复杂的工作，财产物资的形态各有不同，会计人员要根据实际情况，选用不同的财产清查制度。

8.2.2 货币资金的清查方法

货币资金的清查包括库存现金清查和银行存款清查。它们是企业中流动性最强的财产物资，是财产清查的重中之重。

1. 库存现金清查

库存现金的清查应该采用实地盘存制，即实地盘点库存现金的数量，并与库存现金日记账的余额相互核对，检查账实是否相符。

库存现金的清查包括两个方面的内容：

一是由出纳人员每日结清库存现金日记账余额，每日清点库存现金的实有数，再将库存现金的账面余额与实有数进行核对。

二是由清查人员进行的定期或不定期的突击清查，主要检查账实是否相符，以及现金的管理和使用是否合乎规范。为了明确责任，在清查人员对库存现金进行清查时，出纳人员必须在场。

清查完库存现金后，由出纳人员填写库存现金盘点报告表，并由清查人员（盘点人）和出纳人员共同签章。库存现金盘点报告表的样式如表 8-1 所示。

表8-1 库存现金盘点报告表的样式

库存现金盘点报告表

填报单位： 盘点时间：

库存现金盘点			核对现金金额		盘点结果	
面值	数量	金额	项目	金额	盘盈	盘亏
100 元			账面余额			
50 元			加：收入未记账		盘点结果要点说明	
20 元			减：支出未记账			
10 元			调整后现金余额			
5 元			处理意见			
1 元						
5 角						
2 角						
1 角						
5 分						
2 分						
1 分						
合计						

总经理： 盘点人： 监盘人： 出纳：

2. 银行存款清查

银行存款的清查无法采用实地盘存制，因为银行存款的实有数无法进行实地盘点，只能通过与开户银行对账的方法进行盘点，这种方法也叫作"对账单法"。存款单位与开户银行对账之前，应先检查银行存款账户记录是否完整正确，确认无误后再逐一核对银行存款的收款凭证和付款凭证是否全部入账，检查账证是否相符。

如果会计人员发现账证不符的现象，应考虑两种可能性。一种可能性是双方账簿记录发生错记、漏记。遇到这种情况，会计人员要及时核对并更正账簿。另一种可能性是双方凭证传递时间有差异，导致了未达账项[1]的发生。遇到这种情况，会计人员应编制"银行存款余额调节表"，对未达账项进行调节。若调节后的余额与银行存款日记账的余额相符，则证明清查结果无误；反之，就要继续核查，直至找出错漏之处。

---

[1] 未达账项是指单位与银行之间由于收付款的结算凭证在传递、接收时间上不一致而导致一方已经入账，另一方没有接到凭证尚未入账的款项。

需要注意的是，"银行存款余额调节表"不能作为原始凭证，企业应在收到未达账项的有关结算凭证后，再进行相应的账务处理。

未达账项的四种情况：

①存款单位已收款入账，银行未收款入账

②存款单位已付款入账，银行未付款入账

③银行已收款入账，存款单位未收款入账

④银行已付款入账，存款单位未付款入账

①、④两种情况会使存款单位银行存款账户的账面余额大于开户银行对账单所列示的存款余额；②、③两种情况会使存款单位银行存款账户的账面余额小于开户银行对账单所列示的存款余额。

8.2.3 实物的清查方法

实物清查的对象是具有实物形态的财产物资的实存数量，如固定资产、材料、在产品、产成品等的实存数量。实物清查应采取实地盘存制，在进行实地盘点时，财产物资的保管人员必须在场，共同参与清查工作。

实地盘点物资时，会计人员要运用点数或度、量、衡工具计量等方法逐一确定被清查实物的实有数。不过，有些物资大量成堆、廉价笨重，难以通过点数和度、量、衡工具来计量，如露天堆放的砂、石、焦炭等，这类财产物资可以通过量方、计尺等方法推算其重量。

实物的清查一般分为三个步骤，即实物盘点、填写盘存单和编制实存账存对比表。

1. 第一步：实物盘点

进行实物盘点时，要根据财产物资的特点，采用相应的清查方法。在实物盘点的过程中，会计人员不仅要核查实物数量，还要关注质量，检查物资是否存在缺损、霉烂、变质等现象。盘点产品、半成品财产物资时，要注意其完整程度和配套情况，如包装是否完好、部件是否配齐等。实物盘点最忌遗漏和重复，会计人员还要注意区别本企业财产物资与代其他单位保管的财产物资，千万不要将两者混为一谈。

2. 第二步：填写盘存单

实物盘点完毕，会计人员要如实填写盘存单。盘存单是记录实物盘点结果的书面文件，也是反映财产物资在盘点日期实有数的原始凭证。清查人员和实物保管人员共同签章后，盘存单方可生效。盘存单的样式如表 8-2 所示。

表 8-2　盘存单的样式

盘 存 单

单位名称：　　　　　　　　　　盘点时间：　　　　　　　　　　　　编号：

财产类别：　　　　　　　　　　　　　　　　　　　　　　　存放地点：

序号	名称	规格	计量单位	实存数量	单价	金额	备注

盘点人（签章）：　　　　　　　　　　　　　保管人（签章）：

3. 第三步：编制实存账存对比表

为了核对清查结果，会计人员要根据盘存单和有关账簿资料，编制一份实存账存对比表，以明确实存数与账存数的差异。实存账存对比表是调整账簿记录的原始凭证，也是分析账实不符原因和划清经济责任的书面证明。

在实际工作中，只有出现账实不符的情况时，才需要编制实存账存对比表，如经过财产清查后发现账实相符则无须编表。实存账存对比表的样式如表 8-3 所示。

表 8-3　实存账存对比表的样式

实存账存对比表

单位名称：　　　　　　　　年　月　日

序号	名称	规格	计量单位	单价	实存		账存		盘盈		盘亏	
					数量	金额	数量	金额	数量	金额	数量	金额

盘点人（签章）：　　　　　　　　　　　　会计（签章）：

8.2.4　往来款项的清查方法

往来款项是指单位与其他单位或个人之间的各种应收款项、应付款项、预收账款、预付账款，以及其他应收、应付款项。为了保证往来款项账目的正确性，防止长期拖欠，会计人员应及时对往来款项进行清查。

往来款项的清查方法是发函询证法，具体操作方法如下：

第一步，检查本单位各项往来款项账簿记录是否正确、完整；

第二步，编制对账单（一式两联），发函或派人送交对方，请对方进行核对；

第三步，如对方单位核对相符，则在对账单的回单上盖章并退回本单位；

第四步，如双方账目不符，对方单位应将有关情况在回单上注明，或者另抄对账单退回，作为进一步核对的依据。

如果在双方对账的过程中发现了未达账项，那么双方都应进行余额调节，可编制应收款项或应付款项余额调节表，然后再进行核对。往来款项清查工作完成后，应根据清查结果编制往来款项清查结果报告表，对有财务纠纷的款项、无法收回或无法清偿的款项予以说明，并报请上级处理。往来款项清查结果报告表的样式如表 8-4 所示。

表8-4　往来款项清查结果报告表的样式

往来款项清查结果报告表

总分类账户名称：　　　　　　　年　　月　　日

明细分类账户		清查结果		核对不符原因分析			备注
名称	账面金额	核对相符金额	核对相符金额	未达账项金额	有争议款项金额	其他	

　　对于财产清查中账实不符的财产物资，会计人员要进一步核查，找到不符的原因，明确经济责任，向上级申报并积极寻求合理的处理方法。对于多余和积压的物资，相关人员要设法改造和出售这部分物资，并及时调整采购策略。最重要的是，企业管理者和财务部门要从财产清查中吸取经验和教训，进一步提升财务管理水平。

实操笔记

【写一写】"实地盘存制"的操作方法和计算公式分别是什么？请在下面写出来。

_____

_____

♻ 8.3 财产清查的结果处理

会计工作重视结果，任何一项核算都不能出错，任何一笔钱款的来源和去向都要清楚明白。财产清查作为会计工作中的重要环节，要做到结果清晰、明确。对会计人员来说，得出财产清查的结果是远远不够的，还要对该结果进行财务处理。一般来说，财产清查结果的处理可以分为两个阶段。

8.3.1 财产清查结果处理的两个阶段

如果财产清查中出现账实不符的情况，会计人员要分两个阶段进行账务处理。

1.第一阶段：审批之前

对财产清查中发现的盘盈和盘亏，都应该根据盘存单、实存账存对比表等经审核无误的资料编制会计分录，如实反映在账簿上，做到账实相符。与此同时，清查人员要根据企业的组织架构和自己的管理权限，将处理建议报给董事长（经理）会议、股东大会或类似机构审批。

2.第二阶段：审批之后

相关机构批准处理建议后，会计人员要根据上级的处理意见，对清查结果进行处理，如建立有关账簿、调整相关账项等。

8.3.2 财产清查结果处理方法

为了对财产清查结果进行账务处理，会计人员应首先设置好相关账户。

1.财产清查结果处理的账户设置

"待处理财产损溢"是专门用于核算企业在财产清查中的财产物资盘盈、盘亏、损毁，以及相应处理情况的账户。它是一个双重性质账户，借方登记财产物资的盘亏、毁损金额，贷方登记财产物资的盘盈金额。当上级审批通过后，盘亏和毁损的金额从该账户的贷方转销，盘盈的金额从该账户的借方转销。

该账户的期末借方余额表示盘亏、毁损大于盘盈的金额，即"待处理财产物资净损失"；该账户的期末贷方余额表示盘盈大于盘亏、毁损的金额，即"待处理的财产物资的净溢余"。

需要注意的是，"待处理财产损溢"账户仅适用于库存现金清查和实物清查所发生的账实不符的账务处理。该账户可根据"待处理固定资产损溢"和"待处理流动资产损溢"两个明细账户进行明细核算。而银行存款清查和债权、债务清查结果的账务处理不通过该账户核算，对错账应进行错账更正，对确实无法收回或无法支付的款项应进行核销处理。

2. 财产清查结果的账务处理

如果在库存现金和实物的清查中出现了盘盈或盘亏，应通过"待处理财产损溢"账户进行核算。

（1）库存现金盘盈、盘亏的账务处理

库存现金清查结果应根据实际情况进行账务处理。如果出现违反库存现金管理有关规定的情况，应及时予以纠正；如果出现账实不符的情况，应先将短款（结账时现金的数额小于账面的数额）和长款（结账时现金的数额大于账面的数额）记入"待处理财产损溢"账户，待查明原因后再做处理。具体的处理方法如下：

- 发现记账差错要及时更正；
- 无法查明原因的长款计入营业外收入；
- 无法查明原因或由出纳人员失职造成的短款，应由出纳人员赔偿。

（2）存货盘盈、盘亏的账务处理

企业财产清查中，如果各种材料、库存商品等存货出现盘盈，而且盘盈发生的原因是收发计量或核算出现差错，则应及时调整存货入账流程，并通过"待处理财产损溢"账户调整存货的实存数，经上级审批通过后，再冲减管理费用。

如果财产清查中出现存货盘亏、损毁，应该先按成本转入"待处理财产损溢"账户，使账实相符，然后向上级申报。上级审批通过后，再根据盘亏和损毁的原因进行账务处理。具体的处理方法如下：

- 自然损耗产生的定额损耗，转为管理费用；
- 计量收发差错和管理不善等原因造成的超定额损耗，先扣除残料价值和相关责任人的赔偿，再将净损失计入管理费用。
- 灾害或意外事故造成的存货毁损，先扣除残料价值和可收回的保险赔偿，再将净损失转为营业外支出。

（3）固定资产盘盈、盘亏的账务处理

在财产清查中，如果固定资产发生盘盈，一般按前期差错处理，通过"以前年度损益调整"账户核算，并按重置成本确定其入账价值。

如果固定资产发生盘亏，应按盘亏固定资产的净值转入"待处理财产损溢"账户，并转出固定资产原值和累计折旧，经审批通过后，再将其损失数作为营业外支出处理。

对财产清查结果进行账务处理的最终目的只有四个字，即"账实相符"。会计人员在登记账簿和进行账项调整的时候，一定要牢记这"四字真言"。

实操笔记

【想一想】如果在财产清查中，库存现金发生盘盈、盘亏，会计人员应该怎样进行账务处理？

第 9 章

纳税：做好税务管理，让企业无后顾之忧

依法纳税，是每个企业和个人的义务。企业要做到依法纳税，就要加强税务管理，做好税务核算工作。会计人员要管理好发票，按时、按规定进行纳税申报，并准确核算应纳税额。每到年末，会计人员还要重点关注涉税事项，规避税务风险。

♻ 9.1　企业纳税的依据——发票

　　小许是 A 公司行政部的一名新员工，他的第一项工作任务就是为公司采购一批办公用品。采购完成后，小许收到了商家发来的电子发票。习惯了纸质票据的小王很疑惑，电子发票也能报销吗？为此，他专门询问了财务部的会计小张。小张告诉他："电子发票是可以报销的。发票是非常重要的凭证，企业的任何一笔购销业务都离不开发票。"

　　发票可以证明购销业务的发生。它对会计来说是最常见的原始凭证，对员工来说是报销的证明，对企业来说是纳税的依据，对审计机关和税务机关来说是执法检查的凭据。在介绍企业纳税之前，我们应该先认识发票。

9.1.1　发票的定义及种类

　　什么是发票呢？让我们从定义、作用、分类来全面地认识它。

1. 发票的定义和作用

　　发票是指一切单位和个人在购销商品、提供或接受服务，以及从事其他经营活动中所开具和收取的业务凭证。它是会计核算的原始依据，也是审计机关、税务机关执法检查的重要依据。

　　简单来说，发票就是经济活动中，由出售方向购买方签发的文本，其内容包括向购买者提供产品或服务的名称、数量、协议价格和日期等，而且每张发票都具有独一无二的流水账号码，可以有效防止重复和跳号。增值税电子普通发票如图 9-1 所示。

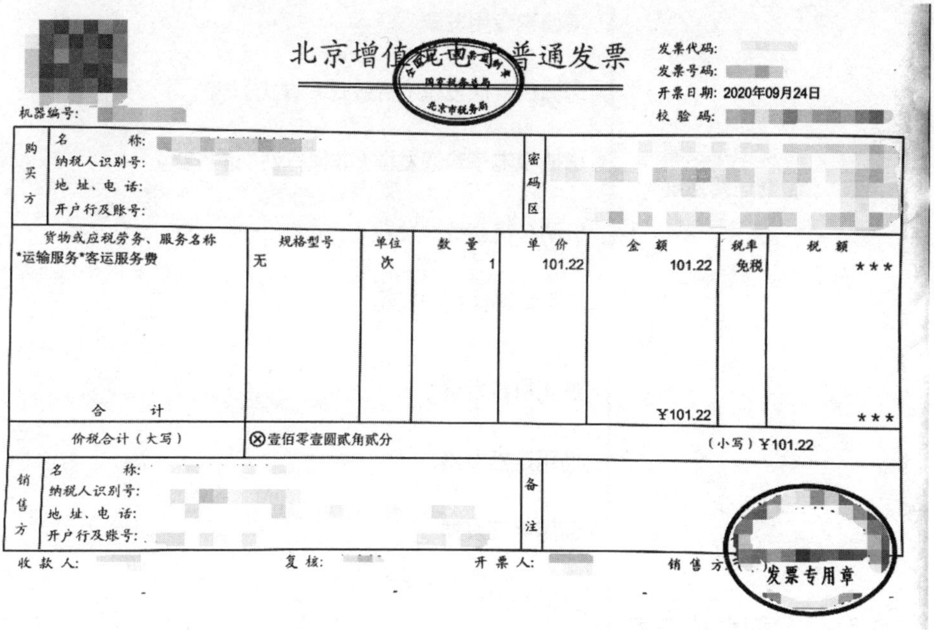

北京增值税电子普通发票

发票代码：
发票号码：
开票日期：2020年09月24日
校 验 码：

机器编号：

购买方	名 称： 纳税人识别号： 地 址、电 话： 开户行及账号：	密码区					

货物或应税劳务、服务名称	规格型号	单位	数量	单价	金额	税率	税额
*运输服务*客运服务费	无	次	1	101.22	101.22	免税	***
合 计					¥101.22		***
价税合计（大写）	⊗壹佰零壹圆贰角贰分				（小写）¥101.22		

销售方	名 称： 纳税人识别号： 地 址、电 话： 开户行及账号：	备注	

收款人： 复核： 开票人： 销售方：（章）

发票专用章

图 9-1 增值税电子普通发票

在社会经济活动中，发票扮演着十分重要的角色，其作用和意义可以被归纳为以下四点：

- 是最基本的会计原始凭证之一；
- 是记录经济活动内容的载体，财务管理的重要工具；
- 是税务机关控制税源、征收税款的重要依据；
- 是国家监督经济活动、维护经济秩序、保护国家财产安全的重要手段。

2. 发票的种类

由于行业特点不同和企业生产经营项目的不同，发票的种类和形式也是多种多样的，如机动车销售统一发票、货物运输业增值税专用发票、汽车客运发票等。如果非要给发票分类的话，可以以发票是否从增值税发票管理新系统开具为标准。发票的种类如图 9-2 所示。

```
                       ┌─ 增值税专用发票
                       │
                       │  增值税普通发票（折叠式、卷式）
                       │
        增值税发票      │  增值税电子普通发票（非通行费、通行费）
        管理新系统  ────┤
                       │  机动车销售统一发票
                       │
                       └─ 二手车销售统一发票


                       ┌─ 通用机打发票
                       │
                       │  通用定额发票
                       │
                       │  通用手工发票
                       │
        非增值税发票    │  景点门票
        管理新系统  ────┤
                       │  火车票
                       │
                       │  航空运输电子客票行程单
                       │
                       │  出租车发票
                       │
                       └─ 客运定额发票
```

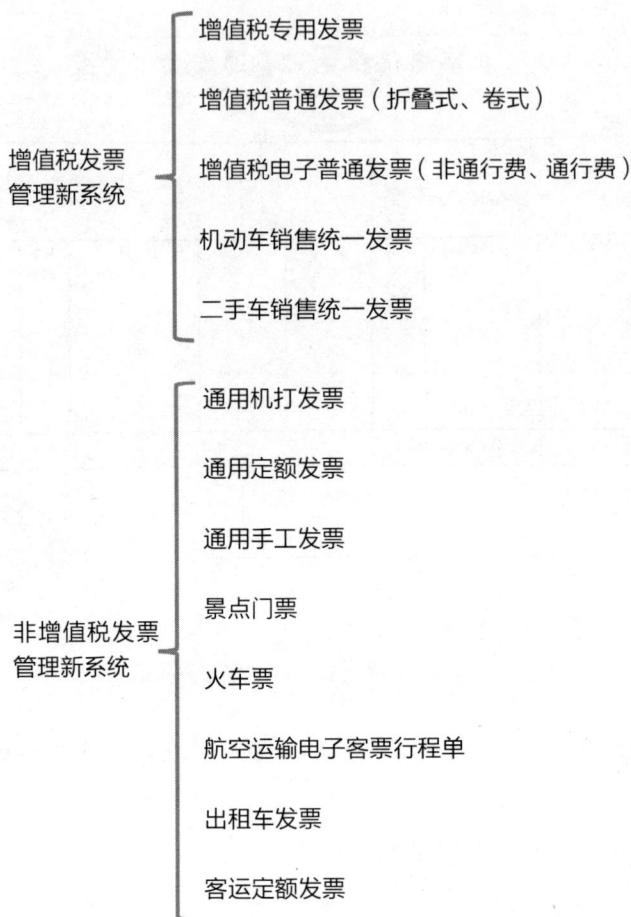

图 9-2 发票的种类

目前，很多关于发票管理规定的规范性文件都运用了图9-2中的分类方法，并根据这种分类方法对发票进行管理。企业在选择发票的时候，也可以参考这种分类方式。

3. 发票的选择

企业在选择发票时，首先要参考自己所在省市的相关政策和制度，其次要参考以下四个要点：

第一，增值税专用发票适用于增值税一般纳税人。被纳入"小规模纳税人自行开具增值税专用发票试点"的小规模纳税人，也可自行领用增值税专用发票。

第二，增值税普通发票（电子普通发票）适用于增值税一般纳税人，以及月不含税销售额超过 10 万元或季不含税销售额超过 30 万元的小规模纳税人。如果月不含税销售额不超过 10 万元或季不含税销售额不超过 30 万元的小规模纳税人要求使用增值税发票管理新系统的，也可以领用。增值税普通发票（卷式）由纳税人自愿选择使用，生活性服务业的纳税人推荐使用。

第三，机动车销售统一发票适用于从事机动车零售业务（不包括销售旧机动车）的纳税人。在二手车市场销售旧机动车的纳税人，应使用二手车销售统一发票。出租车发票、客运定额发票、火车票、飞机行程单适用各自行业。

第四，通用定额发票主要适用于定期定额征收的个体工商户和收取停车费的纳税人。

在实际工作中，各个省市的发票使用标准不同，有的地区甚至已经取消了上述发票中的某些种类。所以，企业在选择发票种类的时候，要根据自己的实际情况和所在地区的发票政策与制度。会计人员在审核发票的时候，要注意发票开具省份是否使用该类发票，谨防弄虚作假。

9.1.2 发票的领购与保管

发票是由企业自行印制的吗？当然不是。已经办理税务登记的单位和个人，应该按规定向国家税务机关申请购领发票。下面就让我们一起来看看购领发票的手续和需要提供的资料。

1. 发票的购领

单位或个人在申请购领发票的时候，必须先提交购票申请报告，在报告中写明单位或个人的名称、所属行业、经济类型，所需发票的种类、名称、数量等，并加盖单位公章和经办人印章。购领发票的单位或个人需要提供以下资料：

- 纳税人领购发票票种核定申请表；
- 税务登记证（副本）；
- 经办人的身份证明；
- 发票专用章印模。

如果企业属于增值税纳税人，需要领购增值税专用发票，那么除上述资料外，还需要向税务机关提供《发票领购簿》、IC 卡和经办人身份证明，才能办理专用发票领购手续。

递交发票领购申请，并经过国家税务机关审查批准后，单位或个人应先领取国家税务机关核发的发票领购簿或者增值税专用发票购领簿，然后再根据核定的发票种类和数量，到相应的国家税务机关领购发票。如果领购的是增值税专用发票，则需要当场在发票联和抵扣联上加盖发票专用章。增值税专用发票如图 9-3 所示。

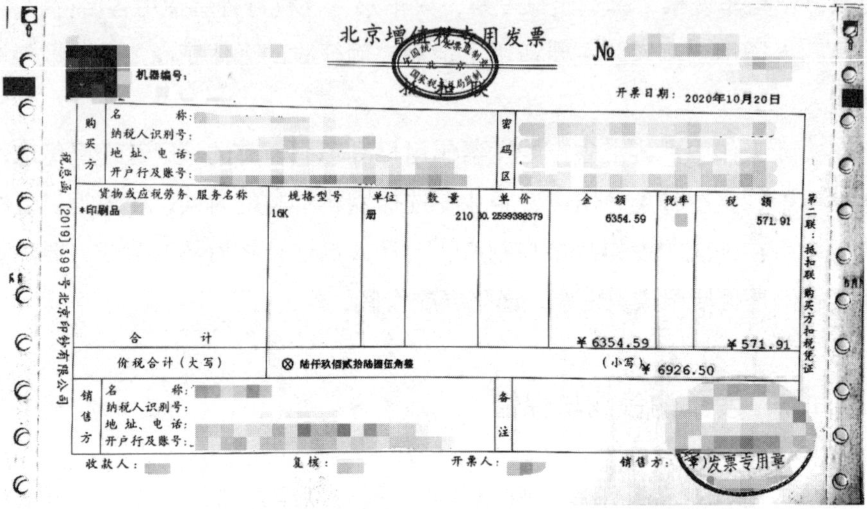

图 9-3 增值税专用发票

会计
小课堂

发票领购小贴士：

（1）有固定生产经营场所、财务和发票管理制度健全、发票使用量较大的单位，可以申请印有本单位名称的普通发票。

（2）如普通发票式样不能满足业务需要，也可以自行设计本单位的普通发票样式，报省辖市国家税务局批准，按规定数量、时间到指定印刷厂印制。企业自行印制的发票应当交主管国家税务机关保管，并按前款规定办理领购手续。

（3）未按规定保管增值税专用发票，并发生丢失的一般纳税人，半年内不得领购专用发票并收缴结存的专用发票。

2.发票的保管

企业领购发票以后，应该妥善保管，以免发票遗失。对于空白发票的保管，首先，企业应该做到"专人保管""专库（专柜）保管"，发票数量多的企业或各级税务机关还要"专账保管"，如图9-4所示。

图9-4　发票保管的三个原则

其次，作废发票应该根据不同情况，采取不同的管理方法。对于开票过程中作废的发票，应该在发票上加盖"作废"戳记，并重新开具发票。不可在作废发票上涂改，也不能将其随意销毁，应该妥善保管全部联次，并粘贴在原发票存根上，以备核查。

对于因政策调整或变化造成发票作废的，企业应及时更换新版发票，并在旧发票到期之前上交税务机关，由税务机关统一销毁。增值税专用发票的销毁须报经省国税局批准。

再次，已经使用过的发票存根也应该妥善保管。在保管期内，任何个人和单位都不可随意销毁。

最后，丢失的发票应该先书面报告主管税务机关，然后在报刊和电视等传播媒介上发布公告，声明发票作废。企业还要将相关资料报送主管税务机关，由税务机关登记。一般纳税人如果丢失了增值税专用发票，应按规定在案发当日向当地公安机关和主管国税机关汇报，如果发票丢失数量较多，而且有可能造成严重后果，还要抄送有关部门备查。

通过学习严格的发票领购和保管制度，我们可以了解发票的重要性。任何经手发票的会计人员都不可掉以轻心，必须认真做好发票的保管工作。

9.1.3　发票的填开

发票的填开是会计的日常基础工作之一，我们要了解填开发票的基本原则、方法及注意事项。

1. 填开发票的基本原则

会计人员在填开发票时，一定要注意遵循以下七个基本原则：

- 凡销售商品、提供劳务以及从事其他经营业务活动的单位和个人，对外发生经营业务收取款项，收款方应如实向付款方填开发票；
- 单位和个人必须在实现经营收入或者发生纳税义务时填开发票，未发生经营业务一律不准填开发票；
- 发票只限于用票单位和个人自己填开使用，不得转借、转让、代开；
- 发票不得拆本使用，将装订成册的发票拆开使用是违法行为；
- 单位和个人必须按规定购买发票使用（或经国家税务机关批准印制），不得用其他票据代替发票，也不得擅自扩大增值税专用发票的使用范围；
- 发票只能在领购发票所在地填开，不准携带到外地使用，在外地从事经营活动，需在当地税务机关申请领购发票；
- 单位或个人向消费者提供零售小额商品或零星劳务服务时，可以不用逐笔填开发票，但应逐日记账。经国家税务机关批准采用汇总方式填开增值税专用发票的企业，应当填写国家税务机关统一印制的销货清单。

2. 填开发票的方法

单位和个人填开发票时，应使用中文（民族自治地方可以同时使用当地通用的一种民族文字），按规定的时限、号码顺序填开，填写发票时要做到项目齐全、内容真实、字迹清楚，全份一次复写，各联内容完全一致，并加盖单位发票专用章。

填开发票后，如果发生退货或者折价的情况，应收回原发票并经国家税务机关认证符合作废条件后，才可开具红字发票，用以冲减之前的错误发票。如果开票时发生书写错误，则应该在发票上书写或加盖"作废"字样，并保存各联备查。

3. 开具增值税专用发票的注意事项

一般纳税人在开具增值税专用发票时应注意两点，一是某些项目不得开具增值税专用发票，二是开具增值税专用发票应严格遵守时限。

（1）不得开具增值税专用发票的项目

截至 2019 年年底，不得开具增值税专用发票的项目包含以下七类，会计人员在开具发票时可以对照参考，如表 9-1 所示。

9-1 不得开具增值税专用发票的项目

相关项目	说明
与个人相关的项目	向消费者个人销售货物、劳务、服务、无形资产或者不动产，不得开具增值税专用发票； 其他个人不得申请代开增值税专用发票
出口、免税、不征税相关项目	适用免征增值税项目不得开具增值税专用发票； 实行增值税退（免）税办法的增值税零税率应税服务，不得开具增值税专用发票； 不征收增值税项目不得开具增值税专用发票； 出口项目不得开具增值税专用发票
商业企业相关的项目	商业企业一般纳税人零售烟、酒、食品、服装、鞋帽（不包括劳保专用部分）、化妆品等消费品，不得开具增值税专用发票； 商业企业向供货方收取的各种收入，不得开具增值税专用发票
差额纳税相关项目	纳税人提供的经纪代理服务，试点纳税人提供有形动产融资性售后回租服务、旅游服务、劳务派遣服务、人力资源外包服务、签证代理服务、境内机票代理服务等时，可选择差额纳税，不得开具增值税专用发票； 金融商品转让，按照卖出价扣除买入价后的余额为销售额，不得开具增值税专用发票
销售特定货物相关项目	一般纳税人销售自己使用过的固定资产，适用简易办法依 3% 征收率减按 2% 征收增值税政策的，不得开具增值税专用发票； 小规模纳税人销售自己使用过的固定资产，适用简易办法依 3% 征收率减按 2% 征收增值税政策的，不得向税务机关申请代开增值税专用发票； 纳税人销售旧货不得自行开具或者代开增值税专用发票； 一般纳税人的单采血浆站销售非临床用人体血液，可以按照简易办法依照 3% 征收率计算应纳税额，但不得对外开具增值税专用发票

相关项目	说明
"营改增"试点前发生业务	纳税人在地税机关已申报营业税未开具发票，2016 年 5 月 1 日后需要补开发票的，不得开具增值税专用发票； 一般纳税人销售自行开发的房地产项目，其 2016 年 4 月 30 日前收取并已向主管地税机关申报缴纳营业税的预收款，未开具营业税发票的，可以开具增值税普通发票，不得开具增值税专用发票
管理不规范项目	一般纳税人会计核算不健全，或者不能够提供准确税务资料的，不得开具增值税专用发票； 应当办理一般纳税人资格登记而未办理，按销售额依照增值税税率计算应纳税额的，不得抵扣进项，也不得开具增值税专用发票

(2) 开具增值税专用发票的时限

开具增值税专用发票的时限如表 9-2 所示。

表 9-2　开具增值税专用发票的时限

开票事项	时限
设有两个以上机构并实行统一核算的纳税人，将货物从一个机构移送其他机构用于销售	货物移送的当天
将货物交付他人代销	收到受托人送交的代销清单的当天
将货物作为投资提供给其他单位或个体经营者	货物移送的当天
将货物分配给股东	货物移送的当天

在会计工作中，发票是会计核算的重要原始凭证，也是企业纳税的重要依据。想要处理好企业的涉税事务，会计人员必须学会正确处理发票。

实操笔记

【写一写】一般纳税人在申请领购发票时，需要提供哪些资料？请在下面写出来。

_____

_____

_____

♻ 9.2 企业纳税的申报流程

纳税，就是根据国家各种税法的规定，按照一定的比率，把集体或个人收入的一部分缴纳给国家。纳税是每个企业和个人的义务。为了做好纳税工作，企业应该主动进行纳税申报，而这项工作通常由企业会计人员承担。

作为一名刚刚入职的新手会计，小吴对企业纳税申报的流程不太熟悉。她通过学习了解到，目前企业纳税申报的方式有两种：一种是上门申报；另一种是网上申报。对于这两种申报方式，会计人员应该熟练掌握。

9.2.1 一般纳税申报流程

纳税申报是纳税人依法向税务机关提交有关纳税事项书面报告的行为，是纳税人履行纳税义务、承担法律责任的主要依据。会计人员在进行纳税申报时，要遵循两大流程：第一，准备申报资料；第二，进行纳税申报。

1. 准备申报资料

在进行纳税申报之前，会计人员应该备齐申报资料。一般来说，纳税申报可以分为两种情况：一种情况是纳税人申报；另一种情况是扣缴义务人申报。所谓扣缴义务人，就是代扣代缴、代收代缴相关税费的单位或个人。纳税人和扣缴义务人需要准备的申报资料有所不同。

（1）纳税人办理纳税申报时需要准备的资料

纳税人（企业或个人）在办理纳税申报时，需要准备好以下三项资料：

- 纳税申报表：由税务机关统一印制，纳税人自行填写。

- 财务报表：由于生产经营内容不同，因此不同企业向税务机关报送的报表并不相同。

- 其他资料：与纳税有关的经济合同或协议书、固定工商业户外出经营税收管理证明、境内外公证机关出具的有关证件、外出经营活动税收管理和异地完税证明、防伪税控系统电子报税资料等。

（2）扣缴义务人办理纳税申报时需要准备的资料

扣缴义务人（企业或个人）在办理纳税申报时，需要准备好以下两项资料：

- 代扣代缴、代收代缴税款报告表。
- 其他资料：代扣代缴、代收代缴税款的合法凭证；与代扣代缴、代收代缴税款有关的经济合同、协议书、公司章程等。

2. 进行纳税申报

纳税人可以采取不同的方式进行纳税申报，如上门申报、邮寄申报和数据电文申报。实际工作中，上门申报方式使用的是最多的，但数据电文申报方式是最方便的。纳税人只需要在次月 15 日之前，登录国税电子税务局网站和地税电子税务局网站进行纳税申报即可。

不过，不同税种的申报期限是不同的，会计人员一定要关注以下几个不同税种的申报时间：

（1）企业所得税的缴纳应当在月份或者季度终了后 15 日内，向其所在地主管国家税务机关办理预缴所得税申报，内资企业在年度终了后 45 日内、外商投资企业和外国企业在年度终了后 4 个月内向其所在地主管国家税务机关办理所得税申报。

（2）增值税、消费税的缴纳若以 1 个月为一期纳税的，于期满后 15 日内申报；若以 1 天、3 天、5 天、10 天、15 天为一期纳税的，自期满之日起 5 日内预缴税款，于次月 1 日起 15 日内申报并结算上月应纳税款。

（3）未明确规定纳税申报期限的税款，需要按照主管国家税务机关根据具体情况确定的期限申报。税法已经明确规定纳税申报期限的税种，需要按照税法规定的期限申报。

纳税申报之后，纳税人只需要在银行账户存够资金，系统就能够实现代扣代缴。纳税人可以在扣款后直接在菜单中打印扣税凭证（或者去办税大厅打印）。

9.2.2　网上申报纳税的操作流程

前文我们曾提到"数据电文申报"，也就是我们常说的"网上申报"。随着互联网的发展，越来越多的会计人员开始尝试在互联网上报税。同时，税务局为了减少办税服务厅内申报人员的数量，减少工作人员的压力，提升服务质量，也鼓励企业在网上报税。

相比上门申报，网上申报纳税具有明显的优势。办理人员不用到税务局门口排队，可以通过网络方便地查询纳税记录，而且网上纳税申报成功后，税务局的系统能自动从相关联的银行账户中扣款纳税，纳税人根据银行出具的单据可以直接到税务机关打印相关税票，这大大节省了纳税人办理业务的时间。

既然网上申报纳税这么方便，是不是在任何情况下都能进行网上申报纳税呢？当然不是。当纳税人出现以下情况时，就无法办理网上申报了：

- 若纳税人存在上期月份没有申报或当期逾期申报的情况，则不能进行网上申报，要到主管国税分局办税服务厅处理；
- 网上申报纳税不适用于采用"定期定额"征税的小规模纳税人；
- 网上申报成功没缴税或申报成功并缴税后发现数据有错的，必须携带完整准确的纳税申报表到主管国税分局前台进行处理。

会计
小课堂

网上申报纳税的注意事项：

（1）因账户余额不足而导致扣款不成功的，纳税人应及时补足银行存款；若因其他原因而导致扣款不成功的，纳税人应记录出错原因，及时通知主管国税分局。

（2）逾期缴纳税款的，系统自动按征管法规定按日加收滞纳税款万分之五的滞纳金。

（3）进行网上申报的纳税人，应通过网上申报系统的申报表查询功能，用A4纸打印纳税申报表，连同财务报表一式一份地按规定依次按月装订，于1月、7月报送到主管国税分局办税服务厅申报窗口。

网上纳税申报的具体操作流程如下：

第一步，在申报期内登录国税局网站，选择电子申报，并输入纳税人识别号和口令后，进入网上申报系统。

第二步，检查企业的相关信息，确认无误后填写申报数据，并提交纳税申报表。税务部门审核无误后，会将申报成功的信息反馈给纳税人。

第三步，申报成功后，纳税人应及时在网上缴纳税款。同时，税务机关会将纳税人的应划缴税信息发送给有关银行，再由银行从纳税人存款账户中划款缴税，并打印"税收转账专用完税证"。缴款成功后，系统会自动提示纳税人已成功缴纳税款。

第四步，银行将实时划款缴税信息发送给税务机关，税务机关接收信息后打印"税收汇总缴款书"，并办理税款入库手续。

第五步，纳税人网上申报纳税成功后，可到开户银行领取相关凭证。

在实际业务中，一些企业在进行报税时会运用一些软件，如金税盘、涉税通等，这些软件操作方便，可以大大提升企业的报税效率。会计人员应该积极学习相关软件的应用方法。

实操笔记

【写一写】纳税人在办理纳税申报时，需要准备哪些资料？请在下面写出来。

_____

_____

_____

♻ 9.3　企业的主要税务核算方法

税务核算是企业财务工作的重点，有的大型企业会设置专门的税务会计岗位，由专人来负责税务的核算和筹划。但是，在中小企业中，会计人员的分工可能不会如此细致。因此，为了满足实际工作需要，每个会计人员都要掌握最基本的税务核算方法。

一般企业需要缴纳的主要税种分别为增值税、消费税、企业所得税、个人所得税、印花税、关税等。本节我们将一起认识这些常见税种，以及它们的核算方法。

9.3.1　增值税的核算方法

增值税是指对增值额[1]征税的税种。作为我国最大的税种，增值税的税收收入占我国全部税收收入的60%以上。当然，关于增值税的法律规定也很严格，会计人员要高度重视这个税种的核算，避免因失误带来不必要的损失。

那么，会计人员应该如何核算企业的增值税应纳税额呢？

计算应纳税额之前，应先算出销项税额，再算出进项税额，然后再抵扣计算应纳增值税税额。此外，小规模纳税人应纳增值税税额和进口货物应纳增值税税额的计算方法与一般纳税人应纳增值税税额的计算方法不同，会计人员应学习并掌握。

1. 销项税额

销项税额是指用销售商品或劳务的销售额乘以相应税率得出的应纳税额。这里的销售额并不等于商品或劳务的卖出价，而是不含税的销售额，即成本价。因此，销项税额的计算公式如下：

---

[1] 增值额指的是一家公司或个人在销售货物、从事加工修理等劳务或者进口货物的过程中自己创造的那部分价值，这部分价值包括了货物和劳务价值。

不含税销售额 = 含税销售额 / (1+ 税率 [1])

销项税额 = 不含税销售额 × 税率

由于经济政策变化和宏观调控等原因，增值税税率经常发生变化，各类企业的税率也有所不同，会计人员在核算时，应以企业的实际税率为准。

2. 进项税额

进项税额是指当期购进货物或应税劳务缴纳的增值税税额，其计算公式为：

进项税额 = （外购原料、燃料、动力）× 税率

事实上，企业购买原材料或者其他加工物资（发生成本）时，所支付的金额中已包含了进项税额。因此，会计人员在核算企业的增值税税额时，应该在销项税额中扣抵进项税额。

根据税法规定，可以从销项税额中抵扣的进项税额仅限于下列增值税扣税凭证上注明的增值税税款和按规定的扣除率计算的进项税额：

- 纳税人购进货物或应税劳务，从销货方取得增值税专用发票抵扣联上注明的增值税税款。
- 纳税人购进免税农产品所支付给农业生产者或小规模纳税人的价款，可按取得经税务机关批准使用的收购凭证上注明的价款，按 10% 抵扣进项税额。
- 购进中国粮食购销企业的免税粮食，可按取得的普通发票金额，按 10% 抵扣进项税额。
- 纳税人外购货物和销售货物所支付的运费（不包括装卸费、保险费等其他杂费），可按运费结算单据（普通发票）所列运费和基金金额，按 7% 抵扣进项税额。
- 生产企业一般纳税人购入废旧物资，回收经营单位销售的免税废旧物资，可按废旧物资回收经营单位开具的由税务机关监制的普通发票上注明的金额，按 10% 抵扣进项税额。
- 企业购置增值税防伪税控系统专用设备和通用设备，可凭借购货所取得的专用发票所注明的税额，从增值税销项税额中抵扣。

但是，我国法律规定，当一般纳税人出现以下情况时，5 个月内不得抵扣

---

[1] 2020 年增值税税率有四档，分别为 13%、9%、6%、0%。

进项税额，也不得领购专用发票：

- 年销售额未达到规定标准的；
- 会计核算不健全或者不能够向国家税务机关提供准确纳税资料的；
- 未按《增值税专用发票使用规定》领购、开具和保管增值税专用发票的；
- 拖欠税款严重，不积极采取措施缴纳税款，经国家税务机关屡催无效的。

3. 抵扣计算应纳增值税税额

销项税额抵扣进项税额后的金额，就是企业应缴纳的增值税税额，抵扣的计算公式如下：

应纳增值税税额 = 销项税额 - 进项税额

需要注意的是，上面列举的计算公式只适用于能够开具增值税专用发票的纳税人。

4. 小规模纳税人[1] 应纳增值税税额

对于小规模纳税人而言，应纳增值税税额的计算公式如下：

应纳增值税税额 = 销售额 × 征收率[2]

销售额 = 含税销售额 / （1+ 征收率）

5. 进口货物应纳增值税税额

进口货物应纳增值税税额的计算公式如下：

进口货物应纳增值税税额 = 组成计税价格 × 税率

其中，组成计税价格是指按照计税价格应当包含的因素计算合成的计税价格。企业进口货物时，应纳增值税的组成计税价格为：

组成计税价格 = 到岸价格[3] + 关税 + 消费税

---

[1] 从事货物生产或者提供应税劳务的纳税人，以及从事货物生产或者提供应税劳务为主（纳税人的货物生产或者提供劳务的年销售额占年应税销售额的比重在 50% 以上），并兼营货物批发或者零售的纳税人，年应征增值税销售额（简称"应税销售额"）在 50 万元以下（含本数）的；除上述规定外的纳税人，年应税销售额在 80 万元以下（含本数）的。

[2] 2020 年增值税征收率一共有四档，即 0.5%、1%、3%、5%，一般为 3%，除了财政部和国家税务总局另有规定的。

[3] 到岸价格又称"运费、保险费在内的到达指定目的港的价格"，是指卖方负责租船订舱，办理保险手续，支付保险费和运费，并按合同规定将货物运至约定的目的港及凭船单据收取货款价的价格。

9.3.2 消费税的核算方法

消费税是指以消费品的流转额为征税对象的各种税收的统称，是典型的间接税。消费税分别采用"从价计税"和"从量计税"两种计税方法，前者的计税依据为应税消费品的销售额，后者的计税依据为每单位应税消费品的重量、容积或数量。

一般来说，会计人员在核算消费税应纳税额时，应根据下列七种不同情况，采取不同的核算方法。

1. 从价计税

当消费税采用从价计税的计税方法时，消费税应纳税额的计算公式如下：

应纳税额 = 应税消费品销售额 × 适用税率

2. 从量计税

当消费税采用从量计税的计税方法时，消费税应纳税额的计算公式如下：

应纳税额 = 应税消费品销售数量 × 适用税额标准

3. 自产自用应税消费品

自产自用应税消费品（用于连续生产应税消费品的，不纳税。用于其他方面的：有同类消费品销售价格的，按照纳税人生产的同类消费品销售价格计算纳税；没有同类消费品销售价格的，按组成计税价格计算纳税）应纳税额的计算公式如下：

组成计税价格 = （成本 + 利润）/（1- 消费税税率）

应纳税额 = 组成计税价格 × 适用税率

4. 委托加工应税消费品

由受托方交货时代扣代缴的消费税，按照受托方的同类消费品销售价格计算纳税；没有同类消费品销售价格的，按组成计税价格计算纳税。委托加工应税消费品应纳税额的计算公式如下：

组成计税价格 = （材料成本 + 加工费）/（1- 消费税税率）

应纳税额 = 组成计税价格 × 适用税率

5. 进口应税消费品

进口应税消费品，按照组成计税价格计算纳税，其计算公式为：

组成计税价格 =（关税完税价格 + 关税）/（1- 消费税税率）

应纳税额 = 组成计税价格 × 消费税税率

6. 零售金银首饰

经营零售金银首饰的纳税人在核算消费税时，应将含增值税的销售额换算为不含增值税的销售额，其计算公式为：

零售金银首饰的应税销售额 = 含增值税的销售额 /（1+ 增值税税率或征收率）

组成计税价格 = 购进原价 ×（1+ 利润率）/（1- 金银首饰消费税税率）

应纳税额 = 组成计税价格 × 金银首饰消费税税率

7. 其他

对于生产、批发、零售单位用于馈赠、赞助、集资、广告、样品、职工福利、奖励等方面或未分别核算销售的按照组成计税价格计算纳税。

9.3.3 企业所得税的核算方法

企业所得税指的是按照国家规定登记和注册的组织所要缴纳的一种税。企业所得税的计算公式如下：

企业所得税应纳税额 = 当期应纳税所得额[1] × 税率

其中：

当期应纳税所得额 = 利润总额 ± 税收调整项目金额

利润总额 = 收入总额 - 成本、费用、损失

上述公式中的"税收调整项目"包括税前准予扣除的项目和不准予扣除的项目。

《企业所得税法》第十条规定，在计算应纳税所得额时，税前不准予扣除的项目包括：

- 向投资者支付的股息、红利等权益性投资收益款项；

---

[1] 应纳税所得额是指按照税法规定确定纳税人在一定期间所获得的所有应税收入减除在该纳税期间依法允许减除的各种支出后的余额，是计算企业所得税税额的计税依据。

- 企业所得税税款；

- 税收滞纳金；

- 罚金、罚款和被没收财物的损失；

- 本法第九条规定以外的捐赠支出；

- 赞助支出；

- 未经核定的准备金支出；

- 与取得收入无关的其他支出。

上述项目是税前不准予扣除的项目，那么，税前准予扣除的项目有哪些呢？企业所得税税前准予扣除的项目如表 9-3 所示。

表 9-3　企业所得税税前准予扣除的项目

税前准予扣除的项目	说明
利息支出	向金融机构借款的利息支出，按照实际发生数扣除；向非金融机构借款的利息支出，不高于按照金融机构同类、同期贷款利率计算的数额以内的部分，准予扣除
计税工资	企业合理的工资、薪金予以据实扣除，《企业所得税税前扣除办法》对"合理的工资、薪金"进行了明确规定
职工福利费	企业发生的职工教育经费支出，不超过工资薪金总额 2.5% 的部分，准予扣除；超过部分，准予在以后纳税年度结转扣除
捐赠	企业公益、救济性捐赠，在应纳税所得额 3% 以内的，允许扣除；超过 3% 的部分，不得扣除
业务招待费	业务招待费由企业提供确实记录或单据的，可在下列限度内准予扣除： （1）全年营业收入在 1500 万元以下的（不含 1500 万元），不超过年营业收入的 5‰； （2）全年营业收入在 1500 万元以上，但不足 5000 万元的，不超过该部分营业收入的 3‰； （3）全年营业收入超过 5000 万元（含 5000 万元），但不足 1 亿元的，不超过该部分营业收入的 2‰； （4）全年营业收入在 1 亿元以上（含 1 亿元）的部分，不超过该部分营业收入的 1‰
职工养老基金	
待业保险基金	在省级税务部门认可的上交比例和基数内，准予在计算应纳税所得额时扣除
残疾人保障基金	按当地政府规定上交的残疾人保障基金，允许在计算应纳税所得额时扣除

续表

税前准予扣除的项目	说明
财产、运输保险费	允许在计税时扣除，但保险公司给予企业的无赔款优待，则应计入企业的应纳税所得额
固定资产租赁费	以经营租赁方式租入固定资产的租赁费，可以直接在税前扣除；以融资租赁方式租入固定资产的租赁费，不得直接在税前扣除，但租赁费中的利息支出手续费可以在支付时直接扣除
坏账准备金	
呆账准备金	
商品削价准备金	在计算应纳税所得额时准予扣除，提取的标准暂按财务制度执行，企业提取的商品削价准备金准予在计税时扣除
转让固定资产支出	转让固定资产支出准予在计税时扣除
固定资产、流动资产盘亏、毁损、报废净损失	由企业提供清查、盘存资料，经主管税务机关审核后，准予扣除。这里所说的净损失，不包括企业固定资产的变价收入
总机构管理费	支付给总机构的与本企业生产经营有关的管理费，应当提供总机构出具的管理费汇集范围、定额、分配依据和方法的证明文件，经主管税务机关审核后，准予扣除
国债利息收入	不计入应纳税所得额
其他收入	各种财政补贴收入、减免或返还的流转税，除了国务院、财政部和国家税务总局规定有指定用途者，可以不计入应纳税所得额，其余应并入企业应纳税所得额计算征税
亏损[1]弥补	企业发生的年度亏损，可以用下一年度的所得弥补，下一纳税年度的所得不足以弥补的，可以逐年延续弥补，但最长不得超过5年

随着时间的推移，与企业所得税相关的法律法规会不断变化和完善，会计人员应时刻关注所得税扣除项目的变化，以免给企业带来不必要的涉税风险。

9.3.4　个人所得税的核算方法

个人所得税是以自然人取得的各项应税所得为对象所征收的一种税。根据

---

[1] 税法所指亏损的概念，不是企业财务报表中反映的亏损额，而是企业财务报表中的亏损额经税务机关按税法规定核实调整后的金额。如果一个企业既有应税项目又有免税项目，其应税项目发生亏损时，按照规定可以结转以后年度弥补的亏损应是冲抵免税项目后的余额。

税法规定，个人所得税免征额为 5000 元，若员工的工资超过 5000 元，应缴纳个人所得税。个人所得税采用超额累进税率[1]，因此，会计人员在核算员工工资时，应该计算出员工个人所得税应纳税额，并由企业代扣代缴。个人所得税应纳税额的计算公式如下：

个人所得税应纳税额 = 全月应纳税所得额 × 税率 − 速算扣除数[2]

其中：

全月应纳税所得额 = 应发工资 − "五险一金" 个人缴纳金额 − 5000

由于个人所得税的税率为超额累进税率，不同工资数额所对应的税率有可能不同，因此，会计人员在确定个人所得税税率时，应及时在国家税务总局网站上查阅 "个人所得税税率表"。

9.3.5 印花税的核算方法

印花税是对经济活动和经济交往中订立、领受具有法律效力的凭证的行为所征收的一种税。印花税的纳税人包括在中国境内设立、领受规定的经济凭证的企业、行政单位、事业单位、军事单位、社会团体、其他单位、个体工商户和其他个人。纳税人需要通过文件上加贴印花税票来履行纳税义务。

1.印花税的征税范围

目前，印花税只对印花税条例列举的凭证征税，具体有以下五类：

- 购销、加工承揽、建设工程勘察设计、建设工程承包、财产租赁、货物运输、仓储保管、借款、财产保险、技术合同或者具有合同性质的凭证；
- 产权转移书据；
- 营业账簿；
- 房屋产权证、工商营业执照、商标注册证、专利证、土地使用证、许可证照；
- 经财政部确定征税的其他凭证。

---

[1] 超额累进税率是指把同一计税基数划分为相应等级，然后按各等级的税率分别计算税额，各等级税额之和才是应纳税额。

[2] 速算扣除数是指为解决超额累进税率分级计算税额的复杂技术问题，而预先计算出的一个数据。

2. 印花税的计算方法

印花税应纳税额的计算方法主要分为四种。

（1）实行比例税率的凭证，其印花税应纳税额的计算公式如下：

应纳税额 = 应税凭证计税金额 × 比例税率

（2）实行定额税率的凭证，其印花税应纳税额的计算公式如下：

应纳税额 = 应税凭证件数 × 定额税率

（3）营业账簿中记载资金的账簿，其印花税应纳税额的计算公式如下：

应纳税额 = （实收资本 + 资本公积）× 0.5‰

（4）其他账簿按件贴花，其印花税的应纳税额为每件 5 元。

9.3.6　关税的核算方法

关税指的是一国海关根据该国法律规定，对通过其关境的进出口货物征收的一种税。关税的计算方法有以下三种。

1. 从价计征

从价计征的关税又称"从价关税"，是指以进口货物完税价格为计征标准[1]的关税。从价关税的应纳税额计算公式如下：

应纳税额 = 进口货物完税价格 × 税率

其中：

进口货物完税价格 = 应税进出口货物数量 × 单位完税价格

2. 从量计征

从量计征的关税又称"从量关税"，是指以货物的重量、数量、长度、体积、容积等为计征标准的关税。从量关税的应纳税额计算公式如下：

应纳税额 = 应税进口货物数量 × 关税单位税额

3. 复合计征

复合计征的关税又称"复合关税"，是指对同一种进口货物采用从价、从量两种计征标准征税的关税。复合关税的应纳税额计算公式如下：

---

[1] 计征标准是指征税对象数额的法定计量标准，可分为以货币为单位和以实物为单位两类。

应纳税额＝应税进口货物数量×关税单位税额＋应税进口货物数量×单位完税价格×适用税率

9.3.7 其他税种的核算方法

其他税种包括房产税、城镇土地使用税、土地增值税，以及资源税。

1.房产税

房产税是以房屋为征税对象，按房屋的计税余值或租金收入为计税依据，向产权所有人征收的一种财产税。房产税应纳税额的计算公式如下：

（1）以房产原值为计税依据

房产税应纳税额＝应税房产原值×（1–扣除比例）×税率

（2）以房产租金收入为计税依据

房产税应纳税额＝租金收入×税率

2.城镇土地使用税

城镇土地使用税是指国家在城市、县城、建制镇、工矿区范围内，对使用土地的单位和个人，以其实际占用的土地面积为计税依据，按照规定的税额计算征收的一种税。城镇土地使用税应纳税额的计算公式如下：

城镇土地使用税应纳税额＝计税土地面积（平方米）×使用税率

3.土地增值税

土地增值税是指转让国有土地使用权、地上的建筑物及其附着物并取得收入的单位和个人，以转让所取得的收入包括货币收入、实物收入和其他收入减去法定扣除项目金额后的增值额为计税依据向国家缴纳的一种税，不包括以继承、赠予方式无偿转让房地产的行为。土地增值税应纳税额的计算公式如下：

土地增值税应纳税额＝增值额×税率–扣除项目金额×速算扣除数

其中：

增值额＝转让房地产取得的收入–扣除项目

4.资源税

资源税是对自然资源征税的税种的总称。自然资源是生产资料或生活资料的天然来源，其范围很广，包括矿产资源、土地资源、水资源、动植物资源等。资源税应纳税额的计算公式如下：

资源税应纳税额 = 课税数量 × 单位税额

上述公式中，"课税数量"的计量应分两种情况：第一，纳税人开采或者生产应税产品销售时，应以销售数量为课税数量；第二，纳税人开采或者生产应税产品自用时，应以自用数量为课税数量。此外，会计人员在确定自然资源税的单位税额时，应以"资源税税目税率表"中的数据为依据，该表可在国家税务总局网站上查阅。

以上列举的是企业中最基本的税务核算方法，也是企业会计人员必须掌握的基本工作技能。另外，国家的税收政策会随着经济社会的发展而变化，会计人员应该随时关注最新税收政策。

实操笔记

【算一算】2020 年 5 月，A 公司购买了一批产品，支付了一笔 20 000 元的货款，其增值税进项税额为 2 600 元，并取得增值税专用发票。该公司将这批产品卖出时，其含税销售额为 26 000 元，假设增值税税率为 13%，那么该公司应缴纳的增值税销项税额是多少？

答案：不含税销售额 = 26 000/（1+13%）= 23 008.85（元）

增值税销项税额 = 23 008.85×13% = 2 991.15（元）

9.4 年末涉税事项的账务处理要点

每到年末，会计人员总是格外繁忙的。不过，即使工作再忙，会计人员也应该及时处理好企业的年末涉税事项。对企业来说，在年终结账前处理好涉税事项，可以有效减轻汇算清缴[1]的工作量，降低企业的涉税风险。本节列举了几个会计人员需要重点关注的年末涉税事项，希望能引起大家的重视。

9.4.1 检查当年税费交纳情况

由于税务机关的稽查选案一般是从年度纳税情况异常的企业中甄选的，所以，为了降低企业被税务稽查的概率，会计人员应在每年年末及时总结企业的年度税费缴纳情况，并计算出当年的税负率[2]，然后再根据当地税务机关规定的税负率，及时调整企业纳税方案。

企业增值税税负率的计算公式如下：

企业某时期增值税税负率 = 当期各月应纳税额累计数 / 当期应税销售额累计数

其中，"当期各月应纳税额累计数"就是每月"增值税纳税申报表"中的"应纳税额合计数"。

还有另一种计算方法：

企业某时期增值税税负率 ={ 当期各月[销项税额 - (进项税额 - 进项税额转出) - 上期留抵税额]累计数 + 当期简易征收办法应纳税额累计数 - 当期应纳税额减征额累计数 }/ 当期应税销售额累计数

或者 ={ 当期[销项税额累计数 - (进项税额累计数 - 进项税额转出累计数) -

---

[1] 汇算清缴是指所得税和某些其他实行预缴税款办法的税种，在年度终了后的税款汇总结算清缴工作。

[2] 税负率是指增值税纳税义务人当期应纳增值税占当期应税销售收入的比例。对小规模纳税人来说，税负率就是征收率，即3%；而对一般纳税人来说，由于可以抵扣进项税额，税负率就不是13%或9%，而是远远低于该比例。通常情况下，当期应纳增值税 = 应纳增值税明细账"转出未交增值税"累计数 + "出口抵减内销产品应纳税额"累计数。

期初留抵税额＋期末留抵税额］＋当期简易征收办法应纳税额累计数－当期应纳税额减征额累计数｝/当期"应税销售额"累计数

注意：当销项税额－（进项税额－进项税额转出）－上期留抵税额≥0时（无负数，负数实为期末留抵税额），即与申报表中"按适用税率计算的应纳税额"计算口径一致。

9.4.2　个人借款利息和关联方企业借款利息支出的处理

个人借款利息和关联方企业借款利息，是会计人员在年末应重点关注的涉税事项。如果操作不当，则有可能使企业或个人面临涉税风险。

1.个人借款利息的账务处理

如果企业的账面上反映出股东和企业之间存在借款和相应的利息收入，那么会计人员应及时处理相关账务，以规避税务风险。

根据《中华人民共和国个人所得税法》的规定，特许权使用费所得，利息、股息、红利所得，财产租赁所得，财产转让所得，偶然所得和其他所得等收入，均需按相应的税率缴纳个人所得税。也就是说，股东个人借款给企业并获得利息收入时，该股东应按规定缴纳个人所得税。企业在向该股东支付利息时，应代扣代缴个人所得税。

然后，会计人员再根据借款合同、利息费用支付凭证、相关税务发票等资料进行账务处理。

2.关联方企业借款利息收入的账务处理

财政部、国家税务总局《关于企业关联方利息支出税前扣除标准有关税收政策问题的通知》（财税〔2008〕121号）的规定如下：

"一、在计算应纳税所得额时，企业实际支付给关联方的利息支出，不超过以下规定比例和税法及其实施条例有关规定计算的部分，准予扣除，超过的部分不得在发生当期和以后年度扣除。

"企业实际支付给关联方的利息支出，除符合本通知第二条规定外，其接受关联方债权性投资与其权益性投资比例为：

"（一）金融企业，为5∶1；

"（二）其他企业，为 2 : 1。

"二、企业如果能够按照税法及其实施条例的有关规定提供相关资料，并证明相关交易活动符合独立交易原则的；或者该企业的实际税负不高于境内关联方的，其实际支付给境内关联方的利息支出，在计算应纳税所得额时准予扣除。

"三、企业同时从事金融业务和非金融业务，其实际支付给关联方的利息支出，应按照合理方法分开计算；没有按照合理方法分开计算的，一律按本通知第一条有关其他企业的比例计算准予税前扣除的利息支出。

"四、企业自关联方取得的不符合规定的利息收入应按照有关规定缴纳企业所得税。"

这个规定说明：如果企业向关联方企业借款，而且债权性投资与权益性投资比例超过了 2 : 1 时，所得利息收入需缴纳相应的企业所得税。

需要注意的是，债权性投资是指需要偿还本金、支付利息的融资，通俗地说，就是借债。而权益性投资是为了获取企业权益或净资产的投资，股票投资、联营投资都属于权益性投资。

会计
小课堂

> 企业应当尽量避免大额成本费用跨年度入账。依照税法规定，纳税人发生的费用应在费用应配比或应分配的当期申报扣除，即纳税人某一纳税年度应申报的可扣除费用不得提前或滞后申报扣除。也就是说，企业发生的成本费用只能在所属年度扣除，不能提前或结转到以后年度扣除。

9.4.3　特殊收入项目的确认

收入的确认关系到企业所得税的核算，因此，会计人员进行年末账务处理时，应重点关注以下几种特殊收入的确认与核算。

1. 包装物收入

企业如果向客户收取了包装物押金，如装酒类产品的桶、罐等，凡逾期未返还的，应确认为收入，并依法计征企业所得税。这里的"逾期"，是指按照合同规定已逾期未返还押金。

无论包装物周转使用期限长短，只要超过一年（含一年）以上仍不退还的包装物押金，均视为销售收入并征税。不过，如果企业向有长期、固定购销关系的客户收取可循环使用包装物的押金，那么这些合理的押金在循环期间可以不作为销售收入确认。

2. 产品非销售收入

当企业将自己生产的产品用于捐赠、赞助、集资、广告、职工福利、奖励等非销售用途时，也应该将其中产生的收入视为销售收入。确定计税价格时，产品的销售价格应参照同期同类产品的市场销售价格。如果该产品没有参照价格，则按成本加合理利润的方法组成计税价格。

3. 超过一年以上的建筑、安装、装配工程的劳务收入

如果企业为持续时间超过一年的建筑、安装、装配工程提供劳务，可以按完工进度或者完成的工作量来确认收入。

4. 在建工程试运行收入

企业在建工程发生的试运行收入，应并入总收入征税，不可直接计入在建工程成本。

9.4.4 分析财务报表，规避涉税风险

财务报表可以较为全面地反映企业的经营成果和财务状况，因此，分析财务报表可以帮助我们发现企业潜在的财务风险和税务风险。在年终结账时，会计人员一定要对财务报表进行分析，以发现其中潜藏的风险。

会计人员在分析财务报表时，应重点留意以下几个现象。

1. 资产负债表项目经不起推敲，账务处理混乱

资产负债表上的"存货""应收账款""其他应收款""应付账款""其他应付款""资本公积"等项目很容易出现问题，会计人员应重点审核、推敲这几个项目。此外，资产负债表还容易出现账表不符、账实不符的现象。比如，

企业在采购时为了控制成本，没有让供应商开具正规发票，导致货物无法正常入账，进而造成账实不符、账表不符。会计人员一定要善于寻找"蛛丝马迹"，查出并杜绝这种账务处理混乱的现象。

2. 利润表中的利润结构不合理

利润表中，费用成本与收入的比例能反映出很多问题。如果费用成本与收入的比例不合理，则说明企业的利润结构有问题。造成这种不合理现象的原因有两点：一是企业的经营策略存在问题；二是企业虚构了收入。比如，在会计年度内，B企业的收入大幅增加，但成本费用的增幅却不大，二者的比例明显不合理，说明B企业的利润结构不合理。

此外，税务机关会重点关注费用成本与收入不成比例的企业，并且有可能将这类企业列为税务稽查对象。

3. 财务指标忽高忽低

有些企业的财务报表反映出的财务指标极不稳定，不仅忽高忽低，而且漏洞百出。会计人员应该注意分析企业各项财务指标和会计比率是否合理。如果毛利润比率、净利润及费用增减比率等重要比率不合理，则说明企业的经营出现了问题，可能会引起税务部门的注意。

年末核算与结账对企业会计工作来说极为重要，涉及纳税和企业一年的经营成果，会计人员一定要厘清思路，认真、谨慎地完成年末账务处理工作。

实操笔记

【多选题】下列项目中，属于企业所得税扣除项目的是（　　）。

A.税收滞纳金　　　　　　B.职工养老基金

C.待业保险基金　　　　　D.罚金、罚款和被没收财物的损失

答案：BC

第 10 章

实用工具：财务软件拿来即用，成为"金牌会计"

在实际工作中，会计人员离不开 Excel 表格工具和各类财务软件。它们可以大幅提升工作效率，同时保证核算的准确性。新时代的会计应该积极学习和掌握这些工具和软件的使用方法。同时，会计人员还应关注相关财税网站，以便随时掌握财税政策的变化。

♻ 10.1　会计人员常用的 Excel 表格工具

说到会计人员的算账工具，很多人的脑海中总会浮现出一种传统工具——算盘。过去，会计算账离不开算盘，珠算曾是会计专业学生的必修课，很多老会计用了一辈子算盘。不过，随着时代的进步，算盘和珠算已经逐渐远离了人们的实际生活和工作，转而成为需要保护和传承的珍贵文化遗产[1]。

如今的财务办公室里，再也听不到算盘的"噼啪"声，计算器、计算机中的各种财务软件已经全面取代了算盘。在会计电算化逐渐普及的今天，绝大部分会计人员都选择用 Excel 表格工具来算账和做账。毫不夸张地说，Excel 是新时代会计的"算盘"。

10.1.1　Excel 是新时代会计的"算盘"

在如今的会计实务中，如果会计人员不会使用 Excel，连最基本的工作都无法完成，更别说难度更高的数据归集和数据分析了。只有用好 Excel，会计人员才能在工作中做到游刃有余。

Excel 能帮助会计人员提升工作效率和会计核算的准确性，达到事半功倍的效果。财务管理工作中也少不了 Excel。比如，很多大公司在做年度预算、财务分析时都离不开 Excel。通过 Excel，财务人员可以方便快捷地建立模型，进行数据对比。

想要熟练掌握 Excel，会计人员必须勤加练习，还要培养自己使用 Excel 中函数工具的习惯和意识。就算不记得某个具体函数的使用方法也没关系，我们可以随时通过互联网进行查询和学习。掌握 Excel 的诀窍只有一个，那就是"多用"，只有在实践中不断运用，我们才能掌握 Excel 中种类繁多的函数，以及各种使用技巧。

---

[1] 2013 年 12 月 4 日，联合国教科文组织宣布，中国珠算被批准列入世界非物质文化遗产名录。

总之，如果你想成为真正的"金牌会计"和财务专家，就要做到精通Excel。

10.1.2 会计常用的 Excel 小技巧

对于会计人员来说，Excel 是最重要的生产力工具之一，掌握一些常用的Excel 小技巧，可以有效提升工作效率。会计人员常用的 Excel 小技巧如表 10-1所示。

表 10-1　会计人员常用的 Excel 小技巧

小技巧	操作方法
快速求和	选中表格中需求和的行或列中的所有数据，然后按下组合键"Alt＋="，求和结果就能出现在旁边或下方的空白单元格中
快速选定不连续的单元格	按下组合键"Shift＋F8"，激活"添加选定"模式，然后分别单击不连续的单元格或单元格区域即可选定
改变数字格式	按下组合键，"Ctrl＋Shift＋5"，可把数字改成百分比（%）形式；同时按住组合键"Ctrl＋Shift＋4"，可在数字前加上"￥"符号
一键展现所有公式	按下组合键"Ctrl＋~"可同时展现表格中所有公式，再次按下组合键"Ctrl＋~"可取消
快速应用函数	如果要多次使用同一个函数式，可以先设置第一行单元格的函数，然后将光标移动到单元格的右下角，当光标变成"+"时，双击鼠标即可将函数应用到该列所有的单元格中
快速增加或删除一列／行	按下组合键"Ctrl＋Shift＋加号"就能在选中列的左边插入一列；按下组合键"Ctrl＋减号"就能删除选中列。删除一行和增加一行的操作方法同上
快速调整列宽、行高	把光标移到列首的右侧，双击鼠标即可快速调整列宽；把光标移到行首的下侧，双击鼠标即可快速调整行高
在不同的工作表之间快速切换	按下组合键"Ctrl＋PgDn"可以切换到右边的工作表，按下组合键"Ctrl＋PgUp"可以切换回左边
锁定单元格	选中单元格后，按 F4 键

注：表中列举的小技巧，均以"Microsoft Office Excel 2013"软件为参照。

会计
小课堂

　　Excel 中的重要工具——数据透视表，是一种交互式的表，可以动态地改变它们的版面布置，以便按照不同方式分析数据，也可以重新安排行号、列标和页字段。数据透视表是财务分析的好帮手，也是会计人员要重点学习的 Excel 工具。

　　虽然表 10-1 中列举的小技巧只是 Excel 中极小的一部分功能，但是如果会计能熟练地掌握它们，将使工作效率得到大幅提高。

　　在会计实务中，Excel 的核心是函数，如 VLOOKUP（纵向查找函数）、SUBMIT（事件触发函数）、IF（逻辑比较函数）和 SUM（求和函数）等，会计人员可以通过网络视频资料或相关书籍来学习这些函数的使用方法。事实上，这些函数的操作方法非常简单，难的是熟练运用。在平时的工作中，会计人员要敢于尝试、举一反三，让自己熟练掌握更多的 Excel 函数和操作技巧。

实操笔记

　　【想一想】了解会计工作中常用的 Excel 函数，并学习相关操作方法。

♻ 10.2 会计人员常用的财务软件

为了提升财务工作的效率，许多企业都为会计人员配备了专业财务软件。目前，国内企业比较常用的财务软件有"用友""金蝶""易飞"，这三款财务软件都是比较成熟、已经获得市场认可的产品，企业可以根据自己的需求及其特点来选择。

下面，我们为大家分别介绍一下"用友""金蝶""易飞"这三款常用财务软件的特点和优势。

1."用友"财务软件的特点和优势

"用友"财务软件包括财务会计和管理会计的功能，可以在企业内部的不同体系之间进行准确、及时的财务数据传递和严格的内部控制。它还可以全面分析企业的经营流程，为企业决策层提供相关信息和数据，并生成各类财务报表和报告，为企业的经营决策提供科学依据。

"用友"财务软件包含应收账款、应付账款、票据现金、会计界面、成本会计、材料核算等功能模块，可以实现资金和成本管理、应收票据管理、应收账龄分析、欠款分析、回款分析、资金流入预测等功能。这款财务软件的使用难度不大，财务人员可以轻松上手。

"用友"财务软件的全国服务网络覆盖较为全面，服务方式也多种多样，如现场服务、上门服务、热线电话服务、电子邮件服务、自助式服务网站等。这款软件比较符合国内用户的使用习惯，适用于各行各业的中小企业。

2."金蝶"财务软件的特点和优势

"金蝶"财务软件集供应链管理、财务管理、人力资源管理、客户关系管理、办公自动化、商业分析、移动商务、集成接口及行业插件等业务管理组件为一体。它的核心指导思想是"企业绩效管理"，可以从绩效管理的角度对企业进行预算管理和资金管理，并为财务集中、报表合并、决策支持需求等问题提供解决方案。它的主要功能模块包括总账、报表、应收款管理、应付款管理、固定资产管理、工资管理、现金流量表、现金管理、财务分析等。

"金蝶"财务软件为客户提供的服务包括管理咨询、培训服务、实施服务、CSP 服务、定制服务和客户化开发服务等。除此以外，它还为客户提供了丰富的分析评估功能，包括成本分析、杜邦分析等，这些功能对企业的管理决策提供了重要的帮助。

总的来说，"金蝶"财务软件适用于制造业、流通业的大中型集团企业。

3."易飞"财务软件的特点和优势

"易飞"是一款针对中型企业的 ERP 管理软件，具有符合国家标准的会计总账管理系统、灵活便捷的自动分录系统、严谨的应收 / 应付管理系统、完善的资产管理系统、精确性高的成本分析功能等，能满足企业的财务管理需求。

"易飞"财务软件有比较强大的线上服务，可以为客户提供比较全面的管理咨询服务。它适用于制造、流通等行业的中型企业，特别是多营业点、多工厂、多地域管理的企业。

上述三款财务软件已经普遍得到了客户的认可，在财务管理方面各具特色和优势，企业可以根据自己的需要来选择。对会计人员来说，财务软件只是工具，会计知识才是基础，只有掌握了会计知识，才能更好地运用财务软件。

实操笔记

【说一说】你还知道哪些财务软件？谈谈你的使用感受。

♻ 10.3　会计人员常用的网站

作为一名会计人员，不仅要会做账，还要关注国家最新的财政和税收政策，财税政策的变动与会计人员的日常工作息息相关。比如，2019 年 4 月，财政部发布了《关于修订印发 2019 年度一般企业财务报表格式的通知》，会计人员如果没有关注这一信息，在编制财务报表时就有可能弄错格式；再比如，由于国家调整税收政策，导致企业增值税的税率发生了变化，如果会计人员没有关注这一信息，就有可能算错企业增值税的纳税金额。

那么，会计人员应该从哪些途径关注国家最新的财税政策和其他重要信息呢？我们归纳了会计人员必须关注的六个网站，希望能对大家有所帮助。会计人员必须关注的网站如表 10-2 所示。

表 10-2　会计人员必须关注的网站

网站	重点关注信息	网址
财政部官网	重点关注"财政部会计司"和"财政部会计资格评价中心"两个频道，及时掌握会计准则、会计考试等政策的变化和调整	http://www.mof.gov.cn/index.htm
国家税务总局官网	重点关注税收政策，掌握最新税务政策动向；可查询企业一般纳税人资格	http://www.chinatax.gov.cn/
国家企业信用信息公示系统	是企业的工商年报平台，可以查询合作企业信息	http://www.gsxt.gov.cn/index.html
12366 纳税服务平台	了解财税实务问题以及政策执行口径	http://12366.chinatax.gov.cn/
全国增值税发票查验平台	查验增值税发票真伪	https://inv-veri.chinatax.gov.cn/
中国裁判文书网	了解最新涉税案件纠纷的判决	http://wenshu.court.gov.cn/

每个会计人员都应该关注表 10-2 中的网站，及时掌握新政策、新动向，以

提升工作效率和会计核算的准确性。

实操笔记

【想一想】会计小李想查阅《企业会计准则》，他应该在哪个网站

上查询呢？

_____

_____

参考文献

[1] 财政部会计资格评价中心. 初级会计实务 [M]. 北京：经济科学出版社，2019.

[2] 浃建红，郝福锦. 基础会计 [M]. 第 3 版. 北京：人民邮电出版社，2018.

[3] 中华会计网校. 会计基础 [M]. 北京：人民出版社，2019.

[4] 东奥会计在线，等. 初级会计实务（上册）[M]. 北京：经济科学出版社，2018.

[5] 东奥会计在线，等. 初级会计实务（下册）[M]. 北京：经济科学出版社，2018.